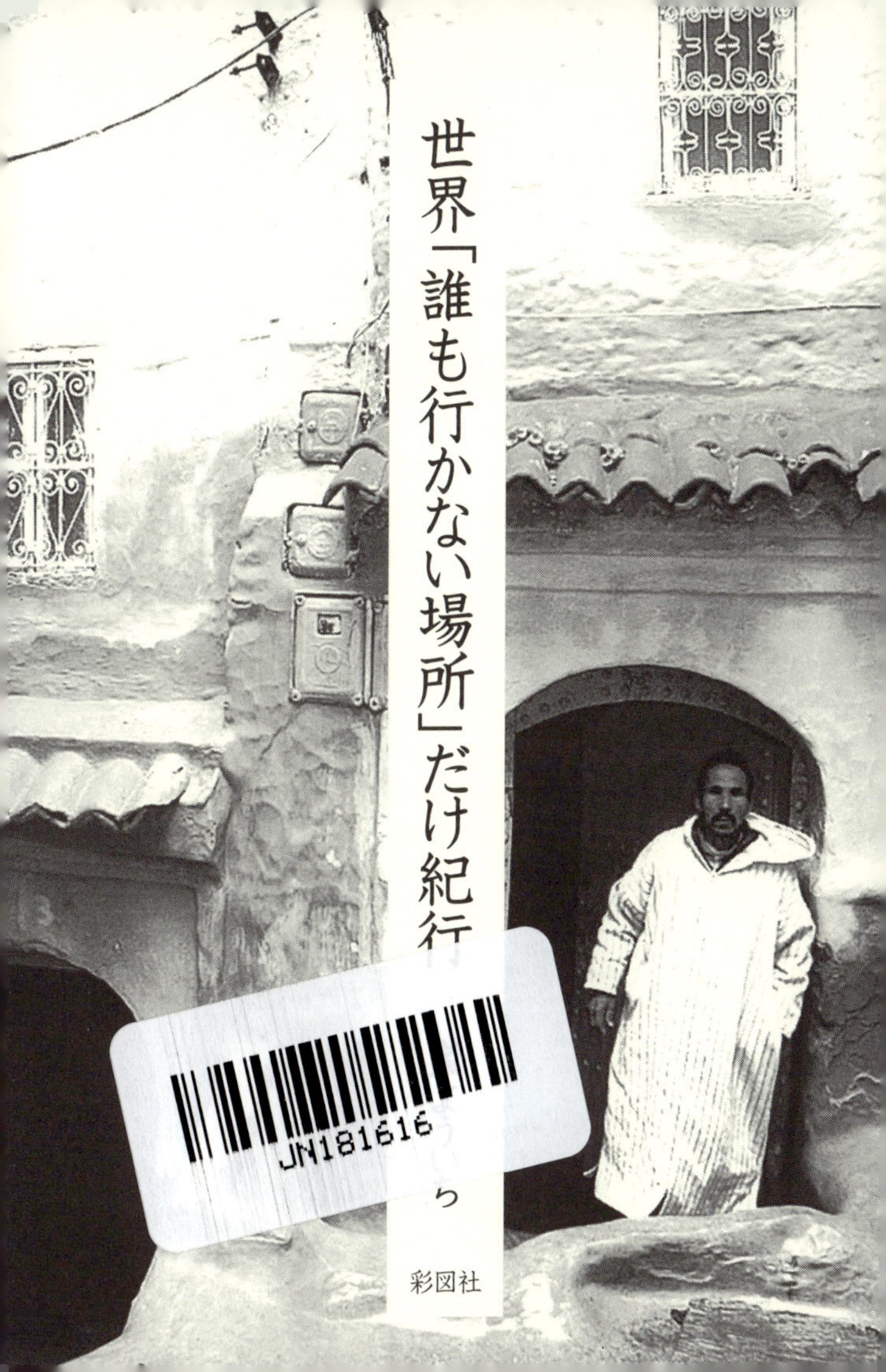

世界「誰も行かない場所」だけ紀行

彩図社

まえがき

日本人にとって、海外旅行がメジャーになってきたのはいつからだろうか。テレビをつければ地上波だけでなく、ＢＳ、ＣＳと旅番組ばかりだが、俺が旅を始めた20年以上前には考えられないことである。

それだけの番組数があるということは、視聴者の関心が高いということだ。また、旅ブログもブームになっていて、何人かの有名な旅人も誕生している。

旅行番組を見たり、海外に行ってきた友人の話を聞いたり、旅ブログや旅行書を読むのは楽しいものである。しかし、それが高じると、有名な国や人気の高い観光地、つまり日本人がたくさん訪れる場所は、足を運んでいないのに知ったつもりになっているという現象が起きてしまう。

だが、そのような情報ルートでは入手することのできない『日の当たらない』『ほとんどの日本人が行かない』『ガイドブックにはかろうじて載っているが無視されている』場所はどうなっているのか？　逆に興味がわいてくる。

それらの場所は、交通の便が悪かったり、治安が悪かったり、単純に存在が知られていなかったり、訪ねても退屈な場所であるはずだ。しかし、70ヶ国以上を旅してきた俺の経験からすると、観光客が大挙して訪れる場所よりも、知る人ぞ知るマイナーなスポットのほうが味わい深かったり好奇心を満足させてくれることが多いのである。

『誰も行かない場所』について情報を集めていると、どんどん血が騒いでくる。これは行かねば……。

本書で取り上げたのは、名前だけは知っているのにイメージがわかないマダガスカルやクウェートなどの国、世界で唯一捕鯨が認められているラマレラ村、青く染まったモロッコの街シャウエン、インドネシアにある風葬を行っている村、巨石が転がる中に作られたポルトガルの巨石村など、他の地域では見られない特徴を持つ場所ばかりだ。

情報が氾濫し、行く前からその場所のことが大抵わかってしまうようになった現代において、これらの場所は実際に足を運んでみなければ、どんな様子になっているかわからないところばかりだった。俺自身、『誰も行かない場所』を巡りながら、旅を始めたばかりの頃に抱いたワクワクした感じを思い出すことができた。旅の本質は未知を味わうことにあるのだ。

本書を読んで、その場所に行ってみたいと思う人がいたら筆者としても嬉しい限りである。

世界「誰も行かない場所」だけ紀行　目次

No.05

【真っ青に染まった家々の壁】

モロッコの青い街シャウエン

「誰も行かない場所」マップ

No.01
ポルトガルの巨石村
モンサント
No.02 スペインのハポン村
No.09 モロッコ内のスペイン領
メリリャ
No.04
石油で富める国
クウェート
No.05
モロッコの青い街
シャウエン
No.06
風葬を行う
トルニャン村
No.08
ジャカルタの
スラムツアー
No.03
今もクジラ漁を営む
ラマレラ村
No.10
バオバブが立ち並ぶ
マダガスカル
No.07
21世紀最初の国
東ティモール

世界「誰も行かない場所」だけ紀行

【特徴的な家に圧倒される】

ポルトガルの巨石村モンサント

Travel No.01

モンサントへの道

海外に関するサイトを見ていたら興味深い写真を見つけた。それはポルトガルとスペインの国境付近にある、岩の中に埋もれたように存在する『モンサント村』である。

ノスタルジックな雰囲気の街だが、赤い屋根の素朴な石積みの壁があり、巨石が家に食い込んでいる写真は非常にインパクトがある。俺は即座にここに行きたいと思った。

ポルトガルのリスボンに行くことに決めた後、このモンサント村までの交通が非常に面倒だということを知った。バイカーやレンタカーなどで旅をしている人はいいが、他の交通機関だと簡単には辿り着けないらしい。

いろいろと調べた結果、リスボンのセッテ・リオス・バスターミナルで、通しのバス・チケットを19ユーロで購入できることがわかった。問題は時間で、リスボンからは1日2便しかなく、帰りのバスは1日1便。しかも時刻表を見る限り、早いバスで行ったとしても13時59分にモンサントの村に到着し、リスボンに戻るバスの出発時刻は14時17分である。観光時間18分だ。

だったらモンサントに1泊するしかない。村には宿が数軒あり、インフォメーションで紹介してくれるとのことだが、それもどこまで当てになるかわからない。ネットで探して予約をしたが、安宿がまったくないモンサントでは40ユーロもする。1泊しか滞在しないので、荷物はリスボンの宿に置いておくことにした。身軽で旅をするのは嬉しいものだ。

朝9時50分に俺を乗せたバスはリスボンを出発する。ボケーッとしているうちに12時半にカステロ・ブランコという街に到着した。

次に乗るバスを探すが見つからなかったので人に尋ね、出発間際にどうにか乗り込むことができた。乗車時にはチケットが必要で、それを若い運転手に見せたわけだからバスは間違っていないはずだ。このバスに1時間乗っていれば憧れのモンサントに到着する。それを考えただけで心がウキウキしてくる。

車内は80％の乗車率である。まさかこんなに大勢の人がモンサント村に行くとは思えない。俺の隣には大きなカバンを持った若いカップルがいる。この人たちも俺と同じ場所に旅行にでも行くのかなと呑気なことを考える。

出発してから20分で比較的大きなバスターミナルに到着した。そこはバスが10台くらい停車していて店もチラホラある。こんな田舎には似つかわしくない大きさである。乗客の6割がここで降り、俺と同じ目的地まで行くと思っていた隣にいるカップルも降りるではないか。

ここのバスターミナルで5、6分停車し、出発直前に中学生の男子生徒が6人乗ってきた。顔立ちはホリが深いがまだ幼さを残していて、仲間たちでふざけ合っている。通常、海外の田舎町では俺のような東洋人は好奇の目で見られるものだがそんなこともない。きっと、通学中に東洋人の旅行者を当たり間のように見ているのだろう。そう、俺は勝手に解釈する。

バスに乗って出発！

カステロ・ブランコを出発して1時間が過ぎた頃、なにかオカシイと感じてくる。まったくバスが到着する気配がないのである。先程までいた学生は全員降りてしまい、乗客は俺を含めて3人しかいない。尋ねようにも周りには誰もいないし、一番後ろに座っているので、運転手のところまで行くのが億劫である。

バスは、ある村に停まった。ここが終点のようで若い男性客が降りる。それにしてもこれがモンサントなのか？　半信半疑で運転手のところにまで行き、チケットを見せながらポルトガル語で聞く。

「ここはモンサントですか？」

若くてイケメンの運転手は、俺を見ながらなにを言っているんだという一瞬ポカーンとした表情をする。俺のポルトガル語が通じないのだろうか。ちなみにリスボンでは英語を話せる人が多いが、田舎に行けばまったく通じない。そしてようやく理解したのか俺にこう言う。

「君、間違えているよ。ここはモンサントではない」

「はぁ!?」

運転手のすぐ後ろに座っていた酒臭いオヤジが話しかけてきた。

「君、モンサントに行くには乗り換えないといけなかったんだよ」

はっ、やっちまった。

どうやら、カステロ・ブランコから20分の場所にあった、比較的大きなバスターミナルで乗り換えないといけなかったのだ。かなりショックだが、失敗したのは仕方がない。さて、これからどうするかだ。しばらく3人で話し合う。

まず、この村から出るバスはもうない。タクシーも走っていない。村人に車で連れていってもらうことも考えたが、人も車もまったく目にすることはない。絶望的である。このアルベルトと名乗る運転手がひどい男だったら、放り出されてホテル1軒もないこの村でどうすることもできない状況に陥ってしまう。最大のピンチだ。俺はすがるように運転手に相談するが困っている人をほうっておけないのか真剣に考えてくれる。

もうこの村からの交通機関はない。このバスはここから客を乗せずに他の村のバス停まで行き、そこから聞いたことのない街行きの最終便になるようだ。アルベルトはその村までとりあえず連れていってくれるそうで、そこまで行けばタクシーが来るかもしれないとのことである。万が一、タクシーが来なかったらホテルも一軒あるので泊まれと言われるが、モンサントの宿を予約しているし、2日後にリスボンを発つので時間がなく、今日中に辿り着かないといけないのだ。

バスが走り始めたが俺は気が気でない。はたして今日中に着くのだろうか。酔っ払いオヤジが心配していろいろ話しかけてくるが、呂律がまわっていないので、何を言っているのかよくわからない。するとバスが停まり、オヤジが立ち上がった。ここで降りるらしく、握手をしながら俺に言った。

「モンサントは美しい村だよ。無事に着けることを祈っている」

凄くイイ人ではないか。感動して別れたが、バスが再び出発すると、また不安になってきた。アルベルトと世間話をしながら走ること10分、村の入口にある一軒家でバスは停まり、クラクションを鳴らした。どうやらこの家の主人はタクシー運転手をやっているらしく、その運転手を呼んでくれているのだ。俺は助かったと楽観したが、出てきたのはオバちゃん。そして言う。

「主人は仕事で家にはいない」

マジかよ。アルベルトはここで問題が解決できると思っていたらしく、俺以上に落胆している。5分後、村のバス停に到着したが、そこには誰もいないし、バスも1台も停まってない。それどころか村にはまったく人影が見えない。

2人でバスを降りて雑貨店兼バーに向かうと、

「ちょっとここで待っていてくれ」

とアルベルトが1人で入っていった。

俺は1人で待つが、心細くて仕方がない。店の中から話し声は聞こえてくるものの、姿は見えない。目の前にホテルがあったが、閉まっているようで人の気配がない。これがモロッコやインドなどの、やたらとお節介でウザイ国だったら、よくわからない連中が『営業』をかけてきて、ぼったくられてもどうにかなるものだが、この国ではそれは期待できない。アルベルトが建物から出てきて言う。

「一番の選択肢はバス停でタクシーが来るのを待つしかないよ」

2人でバス停に向かう。ところでアルベルトの運転するバスはいつ出発するのだろうか。彼のバスが出発してしまったら俺は1人になってしまう。そんな心配事を伝えるとアルベルトは優しく言った。

「大丈夫だよ。心配しないで。タクシーが来るまで待っているよ」

なんという優しさなのか。とても嬉しいが、時間が来たら出発しないとマズイのではないかとも思う。しばし、アルベルトと世間話をする。日本のことなど興味深そうに聞いてくる。ポルトガルを出たことがない彼はどのように日本を思っているのだろうか。今度は俺の方から質問をぶつけてみる。

「バスには東洋人はよく乗ってくる？」

ガイドブックにも載っているから頻繁に目にしているのではないか。

「バスをいつも走らせていて、モンサントまでのルートも通るけど、日本人はおろか、旅行者を1人も見たことはないよ」

「え、たまにはいると思うんだけど」

「いや、見ないね。普通モンサントにやって来る人はレンタカーか、カステロ・ブランコからタクシーをチャーターしているよ」

そうか、このローカルバスを使う人は稀なのか。そしてアルベルトは付け加える。

「旅系の文章を書いているなら、来る人に、カステロ・ブランコからのバスは20分先にある比較大きなバスターミナルで乗り換えろと伝えておいてね」

優しいアルベルト

バスの前でアルベルトと話していると足の悪いおばあさんがやってきたのでバスのドアを開ける。おばあさんは俺の存在に気が付き、なにをしているのかと聞く。アルベルトが困ったように説明すると、おばあさんは優しく言う。

「大変ね〜、ここで待っていればきっとタクシーが来るわよ」

しばらくアルベルトとおばあさんは話し込んでいて、その姿を写真に撮ろうとしたが、俺はカメラをカバンにしまった。こんな状況下で人に迷惑をかけてしまっている。呑気に写真など撮っていたら失礼だと思ったのだ。

俺たち3人はバスの中に入り、しばらくタクシーを待つことにした。

うん？　1台のタクシーがこっちに来たぞ。アルベルトがクラクションを鳴らす。そして言った。

「タクシーの運転手にモンサントまで行ってくれるか頼んでみる」

俺も後ろからついていく。幸いなことにタクシーは誰も乗せていないようだ。

「彼はモンサントに行きたがっている。もう交通機関がないので連れてってくれないか？」

アルベルトが運転手に頼んでくれる。

人の良さそうな60代ぐらいの運転手が俺に言う。

「そうか、大変だな。ここから25ユーロぐらいするが大丈夫か？」

「お願いします」

俺は荷物を車内に入れて、アルベルトにお礼を言う。握手をしてハグをした。こんなに親切にしてもらって感動した。別れがたかったが運転手が急かすので車内に乗り込んだ。

「アルベルト、本当にありがとう」

「モンサントを楽しんでね。本当に美しい村だから。それから本にちゃんとあそこのバス停で乗り換えろと書いておいてね」

そう、アルベルトが言うと、タクシーは走り出した。

もし読者の中で、バスでリスボンからモンサントまで行く予定の人がいたら、アルベルトを見かけた場合、声をかけてみてほしい。

モンサントに到着

タクシーは曲がりくねった山道を進んでいく。運転手はフレンドリーでいろんな話をして

くる。外国人がモンサントに来てくれたのが嬉しいようで、繰り返すように、

「モンサントは本当に美しい村だよ。行くたびに心が綺麗になる気がするね」

なんて言ってくる。

オリーブが茂る平原を走り、これだけで癒されるが、急にオリーブが食べたくなる。

途中、大きな敷地の家の前でタクシーは停まり、運転手はそこにいた住民と簡単な世間話をする。運転手は言う。

「ここは俺の家だよ。ちょうど君を拾った場所からモンサント村までの中間地点にあるんだ」

ポルトガルの田舎町は治安もよさそうだし、とてものどかだ。

そこから20分くらい走ると、岩に囲まれるように存在する個性的で美しい村が見え

このような山道を登っていく。

てきた。モンサント村は1938年に『最もポルトガルらしい村』に選ばれて、そのときに送られた銀の雄鶏のトロフィーは現在も教会の塔に掲げられている。

村は山の稜線付近にあり、その一番高い場所に城跡がある。

車は石畳の坂道を登っていき、宿の前に停まる。この村には宿泊施設が4、5軒あるらしい。玄関のチャイムを鳴らすが誰も出てこない。というか、人の気配がまったくない。玄関に貼り紙があり、携帯番号が書かれている。運転手が電話をすると相手が出たようで説明している。

「オーナーが来るそうだからここで待っていればいいよ」

運転手はそう言い、翌朝迎えにくる約束をして帰っていった。1分後に品のいいオ

タクシードライバーはナイスガイ。

バちゃんがやってきた。部屋は綺麗で心地よさそうだ。だが、他に宿泊客はいないし、俺1人で寂しい感じがする。オバちゃんは部屋の説明を一通りするとどこかに行ってしまった。

モンサント村は個人で来るには面倒くさい場所だろう。先程のアルベルト、タクシーの運転手、宿のオバちゃんは英語を一切話せない。俺はポルトガル語が最低限できるのでどうにかなったが、話せなかったら非常にやっかいかもしれない。

巨石の村

空腹だったがもう15時を過ぎており、あと2時間半で暗くなってしまうので、クッキーを水で流し込んで飢えをしのいで村を

巨石に沿って作られている狭い道が多い。

観光することにした。

歩いてすぐに思ったのは村人も観光客も少ないということだった。村人は年寄りばかり。若者は職を求めて村を離れるというのは日本の過疎地と同じだ。観光客も多いと思っていたが、カステロ・ブランコからの日帰りか、チャリダー、車で来ている人たちだけで俺のように宿泊していそうな人はいない。

村中に道案内があるし、小さいので方向オンチの俺でも迷わずにすむ。ツーリスト・インフォメーションがあった。事前情報では、ここで宿を予約できるらしいし、貴重な情報も手に入れられそうだったのだが閉まっている。事前に宿を予約したのは正解だった。

村はノスタルジックな雰囲気に満ちていて、巨石が食い込んだ数軒の家は圧巻で、なぜわざわざこんな場所に家を建てたのか、不思議でならない。

写真を撮りながら坂道をのぼり城跡まで向かう。途中、フランス人旅行者や白人カップルなどとすれ違う。隠れ家的な観光地っぽく、なんだか好きになる。

歴史を紐解くと、この村は12～19世紀にはこの地域の要所で、その拠点になったのが現在の城跡である。

19世紀には城の火薬庫が爆発してしまい、城ごと吹き飛んでしまったそうだ。また、この付近に人類が定住した歴史も古く、人々の生活の痕跡は石器時代初期まで遡ることができる。

城跡を見た後は、特徴的な家々を観察する。巨岩に寄生するかのように自然の地形をその

岩の中に作られた家。

屋根の上に岩が乗っている。

まま利用し、家と岩が完全に一体化している。岩が屋根から飛び出した家や、岩と岩に挟まれた家など、圧倒されてしまうものばかりだ。

夕方になると地元の人がわずかにいるだけで閑散としている。バーがあったので覗いてみるが、軽食しか置いていない。俺は朝からほとんど口にしておらず空腹で仕方ないのだ。

ふと、バス停の近くにレストランがあるのを思い出したのでそこに向かうことにした。近くには村一番のホテルがあるが客がいないためかクローズしている。

レストランに入ったが客は誰もおらず、中年女性がやってきてメニューをもらうが、ハンバーガーとチーズバーガーしか食べるものはない。チーズバーガーとビール

高台から村を眺める。

を注文し、10分後に俺の前に置かれた。パンの間に、ケチャップとチーズ、ハンバーグが挟まれたシンプルなものだが、空腹だったので一気にたいらげた。

その後、俺は薄暗くなった村の高台に登ってみる。かなり肌寒くなり、人は誰もいない。灯りもほとんどなく、いきなり自分だけがタイムマシンで中世に戻ってしまったような、世の中から取り残されたような感覚に陥ってしまった。

岩に埋もれたような神秘的なモンサント村を夕暮れの高台から眺めていると、俺はしばらく、岩のように固まったまま、その場所から動けなくなった。

【400年前に侍が渡った】

スペインのハポン村

Travel No.02

なぜ、スペインにハポン村があるのか

遡ること、今から約400年前の1614年10月5日、スペイン艦隊に便乗し、スペインのグアダルキビル川の河口の街に到着した日本人の一団がいる。

彼らは仙台藩の支倉常長を大使とする外交使節団で、約200人の一行は、月浦（現・石巻）を出発し、メキシコ、ローマ、スペインなどを3年がかりで訪れ、使節の一行が帰路にスペインに辿り着いたときの人数は約30人と言われている。このときに帰国しなかった8名の日本人がセビージャ近郊のコリア・デル・リオ（以下コリア）に住み着いて子孫を残したと考えられている。

コリアには現在、ハポン（スペイン語で日本の意味）姓を持つ、侍の末裔と称する800

人のスペイン人が暮らしている。

　このようなことを数年前にある記事で読んだ俺は、いつかスペインのコリアに行きたいと思っていた。４００年前に我が国の侍がスペインに辿り着き、子孫を残しているのである。興味を持たないわけがない。しかもこんな異国の地に侍の銅像があるというではないか。

　更に調べていくとこんな情報も見つけた。

『支倉常長異聞―海外に消えた侍たち』（ＪＩＣＣ出版局）の著者である中丸明氏は、１９８９年にコリアの街にハポン姓の住人が多いことを知って興味を持った。その後、91、93年とコリアの街を訪れ、ハポン姓の人物を探し出して会っている。

　１９９０年に訪れた際、町役場の広報担当の人に話を聞いた。要約するとこのようになる。

中山氏が訪れた前年（89年）の国勢調査によると、父方の姓としてハポンを名乗る人が３２１人おり、母方の姓として５００人、両姓ともハポンが9人で合計８３０人にものぼり、コリアから転出した人も加えるともっと多くなる。

ハポン姓は１６４７年まで遡ることができる。ポルトガルとの戦争のため、徴兵用に作成された市の住民名簿にバルトロメ・ハポンという男の名前が記載されていたのだ。

　その人物が１６４７年に徴兵された年齢を仮に30歳前後としてみると誕生日は１６１７年頃になる。使節団の一行がコリアから帰国したのが１６１７年7月なのは確かである。その徴兵された人物が使節団の１人とコリアに住む女性の間にできた男性であると、絶対的確証はないが、そう想定することは可能かもしれない。

当時、この地に定住した侍たちは何を思って生活していたのか？　現地に残り、女性と恋愛して子孫を残す。そしてその末裔が今も残っているという。ロマンに満ち溢れているではないか。

コリアは一体、どんなところなのか興味がわいてきて、そんなことを考えていると俺はいてもたってもいられない。これは行くしかない。

侍の銅像を追って

セビージャは、日本人にはセビリアあるいは、セビーリャとも呼ばれているアンダルシアの州都で、スペイン第4位の人口約70万人の街だ。スペイン南部の政治、経済、文化の中心地であり、カテドラル、ヒラルダの塔、サンテルモ宮殿など観光する場所も多い。

セビージャの宿を朝10時に出発し、コリア行きのバスが出る停留所まで歩いていく。バスがすでに停まっていたのでタバコを吸っている40歳ぐらいの運転手にスペイン語で行先を確認すると、フレンドリーに答えてくれる。

「うん、このバスはコリア行きだよ。タバコを吸い終わるまで待っていてくれないか」

俺がコリアに行く理由を告げると彼は驚いた表情をした。

「え、侍ハポンを見にいくのか？　俺はコリア出身で、母親方はハポン姓だったんだよ。なにか嬉しいね、わざわざ日本から来てくれるなんて」

さっそく日本に縁のある人が現れた。これはなんだか幸先がいいぞ！　コリアに行ったとしても、どんなところかもまったくわからないので不安で一杯だったが、いきなりこんな人が現れるなんてツイているかもしれない。だが、彼の顔は完全なスペイン顔であるのが少し気にかかる。

銅像と対面

バスに揺られること30分、コリアらしい街に到着した。小さな街だと想像していたが意外と大きいようだ。人口が3万人いるのだからそれなりの規模の街なのだろうが、本当にここがコリアなのか？

そうだとしてもどこのバス停で降

いきなりハポン姓と縁のある人が現れる。

りたらいいのか見当がつかない。地図でも持っていればいいのだが、そんなものはないし、俺の周りの座席には人がいないので聞くことができない。比較的人が集まっている場所があったので、思いきって降りてみることにした。

降り立った場所から数十メートル歩くと、坂道になり住宅地が広がっている。人はまったく歩いておらず、俺は立ち尽くした。困ったぞ、目的地の銅像がある公園なんてすぐに見つかると思っていた自分を呪う。

歩いている人がチラホラと見えてきた。人に聞こうかとも思ったが、侍たちが長い旅の末に辿り着き、子孫を残し、その象徴でもある支倉常長の銅像まで誰の助けもなく自力で行きたかった。苦労して銅像を見

コリアの街。小さいと思っていたが意外に大きくて焦る。

つけたら感動も大きいではないかと、そんなことを考える。

俺は世界中を旅しているので、皆から意外に思われるのだが、かなりの方向オンチである。そうと知りながら自ら探そうとバカなことを考え、案の定、完全に迷ってしまったようだ。はたして辿り着くことができるだろうか。

少しヤバイと感じたが、落ち着いて考えると、銅像は川沿いに建てられているのだ。『何となく』川の位置に目星をつけて歩いてみることにする。

しばらく歩いてみるが高級住宅地に迷い混んだり、裏路地に入ってしまったりと、全然道がわからずますます焦ってきた。

さすがに疲れてきたし、そろそろ誰かに助けてもらうしかないと思ったとき、洒落た石畳の通りを見つけた。そこは街の中心のようで人が集まっている。

レストラン、カフェ、銀行などがあり、一軒の建物の中にツーリスト・インフォメーションがあったので中に入ってみる。コリアにも外国人観光客が来るのかなと思って英語で話しかけたが通じない。スペイン語に切り替え、街の地図をもらい、侍の場所を丁寧に聞く。どうやら、目的地はここから5分ぐらいの距離にあるらしい。もうすぐ侍の銅像と対面できるのである。ウキウキする反面、期待感から緊張もしてくる。

歩き進むと、支倉常長銅像のあるグアダルキビル川に面した公園を見つけた。このためにわざわざ時間を割いてきたのである。期待は膨らむばかりだ。

公園の中は、平日の午前中だからか、ジョギングをしている人の姿がわずかに見えるだけだ。少し歩くと、

『あった、やっと見つけたぞ！』

大小の刀を差した銅像が立ち、その後ろには鳥居がある。

が、思っていたよりも存在感はない。この銅像と鳥居は１９９２年に宮城県から贈られものだ。約４００年前に、侍がこの地にいたという事実を少し噛みしめて旅情に浸ろうと、銅像を見つめる。鳥居の脇の小さなスペースには２０１３年に訪問した日本の皇太子が植樹した桜の苗が植樹されている。

だが、それだけである。なにかしらの期待を込めてやってきたのだが、正直、これか……。

人が少ない公園を進む。そして……。

俺はしばらく銅像をいろんな角度から見たり、近くのベンチに座ってぼ～っと、眺めていた。その間に銅像の前で写真を撮っていくのは一組だけだった。

街はこれ以外に見所はなく、はっきり言って何も感じられない、ガッカリスポットだった。

だが、確かに銅像は期待外れではあったけれど、それだけではない。こんなこともあった。

俺はこの後、このままでは帰れないと思い、ハポンに縁のある人に遭えないだろうかと、カフェにいる中年男性に尋ねてみた。

「僕は日本からコリアに興味を持ってきました。あなたはハポン姓ですか?」

男性は変な外国人に話しかけられたなと

ようやく対面した侍の銅像。

迷惑そうな顔をしながら答えた。

「違うよ」

今度は、街歩きをしている腹の出ているオジさんに聞いた。

「あなたはハポン姓ですか？」

「違うよ」

誰かと待ち合わせをしていると思われる女性や、他の人に同じ質問をするものの、首を縦に振る人はいなかった。

わざわざ時間を作ってコリアに来て、銅像も街もなんだか期待外れで、ハポン姓の足掛かりもない。なんだか絶望的な気分である。テレビ局の取材かなにかだと、事前に〝用意〟されて、10人以上のハポン姓から話を聞けるだろうなと、そんなことを考える。

もし、この街にしばらく滞在したら、ハポン姓に辿り着ける自信はある。だが、セビージャに戻らないといけないので、コリアでの滞在時間はわずかしかないのだ。キリがないので最後にもう一組ぐらいに尋ねて帰ろう。

カフェでは数人の中年男性がタバコを吸いながらコーヒーを飲んでいる。彼らは俺がいろんな人に尋ねているのを見ていたようで、初めからフレンドリーに接してくれる。

「あなたたちはハポン姓ですか？」

そう聞くと一瞬の間があき、彼らは顔を見合わせた。そして、

「私の知り合いにハポン姓がいる」

「近所に住んでいる」

「3代前までハポン姓だったよ」

などと各々が堰を切ったように言ってきた。

どの人も、話し方や表情からは本当のことを言っているとは思えないが、先程から何人もの人に尋ね、ハポン姓に出会えない俺のことが気の毒でこんなことを言ってくれるのだろうか。はたまた、『ハポン』からわざわざ尋ねてきた日本人に対するサービスなのだろうか。しかし、こんな気遣いをしてもらい、正直嬉しかった。

400年前の『侍たち』もなんらかの優しさを地元民からもらったんだろうなと、そんなことを思いながら、俺は満足してコリアを去った。

【インドネシアの捕鯨村】

今もクジラ漁を営むラマレラ村

Travel No.03

世界で唯一の捕鯨村

世界で唯一、捕鯨が許されている村があるらしい。

そこはインドネシア東部のレンバタ島にある、人口約2000人のラマレラ村である。

インドネシアは、フィリピンやカナダなどと同じく、国際捕鯨委員会に未加盟のため、ラマレラ村では400年前から変わらない手銛を使った漁で、年に数頭から数十頭のクジラを捕ってきた。

クジラといえば、戦後の日本人の重要なタンパク源だったわけで、年配の人にとっては懐かしい味だろう。俺もクジラの竜田揚げやクジラ・ベーコンをたまに食べるが、クジラ漁は日本の文化の1つでもあるので、ラマレラ村に親近感がわいてくる。

そんなところに行ってみたい。村に行く計画を立てたが、残念なことに俺が訪ねる3月はクジラ漁が解禁されておらず（シーズンは5～8月）、クジラ漁に同行できないし、陸に打ち上げられたものさえも見ることができないようだ。

本当はシーズン中に訪れるべきだと思い、行くかどうか、かなり悩んだのだが、村そのものに関心があるし、一体どのような文化・習慣があるのか興味がつきない。訪ねてみれば捕鯨の村の一面を見ることができるだろうと思い、足を伸ばすことにした。

高速フェリー

フローレス島のマウメレを発ったバスは、4時間後にラRantゥカ

の港に到着した。そこから13時発の高速フェリーに乗り込んだ。

船は日本にもありそうな50人乗り程度のもので、船長に聞くと、1時間でレンバタ島の玄関口であるレオレバの港に到着するという。事前の情報だと、ラRantゥカからレオレバまでは船で4時間、料金は5万ルピア（約５００円）だが、高速フェリーを使えば、到着までわずか1時間で、10万ルピア（約１０００円）である。なんだか得した気分だ。

船内にはフェリーで働く若い男たちが大勢乗っていて、俺のことをジロジロ見てくる。こんな場所にやって来る外国人も珍しいのだろう。俺もテンションが上がっていたので彼らに

聞いてみた。

「皆、クジラ漁のラマレラ村を知っている？」

するとかれらは嬉しそうに声を上げる。

「知ってる！　知ってる！」

１人が「これを見なよ」と言うので船内に貼られている写真に目をやると、手銛で突かれているクジラではないか。こんなものがあるということは、ラマレラ村を訪れる観光客も年々増えているのかもしれない。

フェリーが出発するのは13時で、１時間半以上、この暑い船内で待たないといけない。俺は一服したかったので、いったん船外に出て、タバコに火をつけようとした。するとと船内から鋭い声が飛んだ。

「あっちに行け！　ダメだ。危ない！」

何を言っているのかと思っていたら、隣でリヤカーを引いている男が強い口調で

高速フェリーで島に渡る。

言った。

「おい、このリヤカーに乗せている大きな容器はフェリーのガソリンだよ。引火したら爆発するから離れて吸ってくれ！」

めちゃくちゃ危ないではないか。俺が20メートルぐらい離れて「ここでOKだよね？」と聞くと、リヤカーの男は頷きながら笑い、それを見ていた船内のスタッフ達も大爆笑である。こんな場所で笑いをとって俺はどうするんだよ。

フェリーは出発し、凄いスピードで海原を走っていく。風が適度に入ってきて心地良く、ウトウトしているうちにレオレバの港に到着した。

客がほとんど降りた後に俺は席を立ったのだが、これが失敗のようで、待機しているすべてのバイクタクシーが客を乗せて行ってしまっていて、炎天下で途方に暮れてしまう。外国人観光客が多い島だったら、次から次へと呼び込みが来るはずだが、それもない。非常に控えめな島のようだ。

すると、フェリーで隣に座っていたフローレス島出身の男性と目が合った。彼は英語をほんの少し話すことができる。どうやら彼も俺と同じように今晩、レオレバに泊まるらしい。彼が乗り合いトラックを見つけ、2人でそれに乗り込む。彼が何回か泊まったことのあるホテルまで連れていってくれることになったが、乗り合いトラックの集金係が「2万ルピア（約200円）払え」と不当な額を言ってきた。

「ふざけんな、外部の人間だと思ってふっかけんな、これでいいだろ！」

と男性が激怒しながら半分の1万ルピア札を払ったので俺もそれにならった。

レンバタ島・レオレバに宿泊

レンバタ島の大きさは南北80キロ、東西30キロほどで、その面積は1266平方キロである。沖縄本島ほどの面積だと思えばわかりやすい。

レンバタ島は火山性の地質で作物の育成に適さず、特にこれから俺が向かうラマレラ村付近は乾燥している上に標高が低い。暑すぎて不毛な土地で、岩肌の間の土に植えたトウモロコシぐらいしか育たないようだ。

俺が宿泊するレオレバのホテルは、街で一番のようだが、とてもそのようには見えない。料金はシングル8万5000ルピア（約850円）で、部屋には小さな扇風機と、和式のトイレ、その横にマンディ（水浴び）式の水溜があってとても狭い。顔や手を洗うのでさえ、足に水がかかってしまう。タオルがないし、その上、毛布さえないのである。

早くも絶望感に打ちひしがれた俺は部屋を出て街を歩こうとするがあまりの暑さに断念。1人ぼっちで、他にバックパッカーもおらず、見どころもない。それでいて、時刻はまだ14時半である。

こんなときはビールしかない。ホテルのロビーでビールの大瓶が売られていたことを思い出し、買おうとするが、スタッフやオーナーの娘は一切英語が話せない。『ワン、トゥー、ハウマッチ』さえ、赤ん坊が初めて耳にした外部からの音を聴くような表情をする。この先、思いやられそうだ。しかし、観光客がほとんどいない場所に勝手にこちらが来ているわけで、俺の方がインドネシア語を覚えるべきなのである。

ビールはインドネシアの代表的なビール『ビンタン』である。値段は5万ルピア（約500円）で、それを紙に書いて教えてくれる。栓抜きが見当たらないので、ジェスチャーで伝えると、若い男のスタッフが歯やライターを使って開けようとするが、開かない。もう面倒なので、部屋にある自分

レオレバの街。非常にのどかだ。

の栓抜きを使うことにした。俺は宿の外にあるベンチに座って、ゴクゴクと冷たいビールを飲みながら、言葉の通じない場所でこれから大丈夫だろうかと不安になる。

窓の外に並ぶクジラの骨

朝6時に起きて簡単な朝食をとり、宿のスタッフにラマレラ村までのバスはいつどこから出るか聞いてみるが、まったく通じない。レオレバに着けばラマレラ村までの行き方がわかると思っていたのでこれには困った。とりあえず宿の前は幹線道路なので俺はそこに立つことにした。バイクタクシーが通るはずだから、彼らに聞くのが一番である。

だが、バイクタクシーが通る気配はまったくない。これは非常にやっかいである。はたして無事にラマレラ村まで到着できるのだろうか。

すると、1台のバスに目が留まった。客が1人乗っていて、バスには「ラマレラ――レオレバ」とペンキで書かれているではないか。走ってバスを止めると運転手が降りてきた。やったラッキーだ。

俺はいつ出発してもいいように荷物をまとめていたので急いで荷物を取りにいき、鍵をスタッフに渡す。だが、バスのところまで戻ると、運転手の様子がおかしい。『乗せない』と拒否反応をしているのだ。

言葉が通じないので、しばらく押し問答をしていると、運転手は俺をホテルのロビーにある掛け時計の前まで連れていき、今の時刻、8時15分を差し、その指を12時に持っていった。つまりこの時間のバスはラマレラ村から来たバスらしく、この街からラマレラ村には昼の12時発のようである。再びスタッフから鍵をもらって部屋で時間を潰すことにした。

昼の12時に幹線道路で待っていると先程の運転手がやってきた。誰も乗客は乗せていない。俺は運転手のすぐ後ろの席に乗せてもらってやっと出発である。どうにかここまで来られた。あとはバスに乗っていれば到着である。

だが、出発して3分後、小さな商店の前に停まり、麻袋に包まれた重そうな荷物を2つ、後部座席に乗せる。この運転手は運送業もやっているのか？　村は僻地らしいので人を乗せるだけでなく荷物も運べばいい商売になるだろう。

1分後、バスは民家の前に停まった。民家には家族が10人ぐらいいて、外にイスを出してくつろいでいる。誰か乗せるんだなと思っていたら、地面に置かれている大量の荷物の存在に気が付いた。若い男が1人やってきて運転手と言葉をかわす。

運転手が俺に「降りてくれ」と言うので降りると、普通トラックに載せるような大量の荷物があるではないか。それらを運転手と男の2人が30分かけて積み込む。その間、俺は民家の軒先でそこにいる家族からコーヒーとドーナツをご馳走になる。バスの乗客をこんなに優しく歓迎してくれるとは、一人旅だとこのような優しさが嬉しい。この島には親切な人が多そうだ。

　この民家を出発し、更にいろんな場所で人をピックアップしているうちに時間は経ち、結局、レオレバの街を出たのが13時半になってしまった。

　ラマレラ村に向けて出発したが、途中、他の乗客が何回も入れ替わり、デコボコ道を進んでいるうちに、17時近くになった。外はまだ暗くなってはいないが、疲れているし早く着いてほしいものだ。

　すると突然、窓の外にたくさん陳列されている巨大な骨が目に留まった。これは村の入口に飾りのように置かれているクジラの骨じゃないか！　ということは、やった、ラマレラ村に到着したのだ！　俺は嬉しさよりもホッとした。さてと、これから宿はどうするかなと考えているとバスが停まっ

コーヒーをご馳走してくれた家庭。人々はとても優しい。

た。1つの建物を見ながら運転手が言う。

「ここがホテルだよ」

バスを降りて運転手に3万5000ルピア（約350円）を払い、ホテルにチェックインした。ヒクソン・グレーシーに似ているオーナーの息子は英語が堪能でいろいろと宿の説明をしてくれる。宿の先客は2人のオバちゃんで、彼女たちはバリ島のガイドらしく、こっちには仕事で来ているようだ。

部屋はなかなか悲惨なものだった。1泊10万ルピア（約1000円）で3食付きは安いが、バスルームが部屋にあるものの、汚い便座のないトイレとマンディにたっぷりと溜められている水にはボウフラや虫が浮かんでいる。

洗面所で顔を洗おうとしたら水が出な

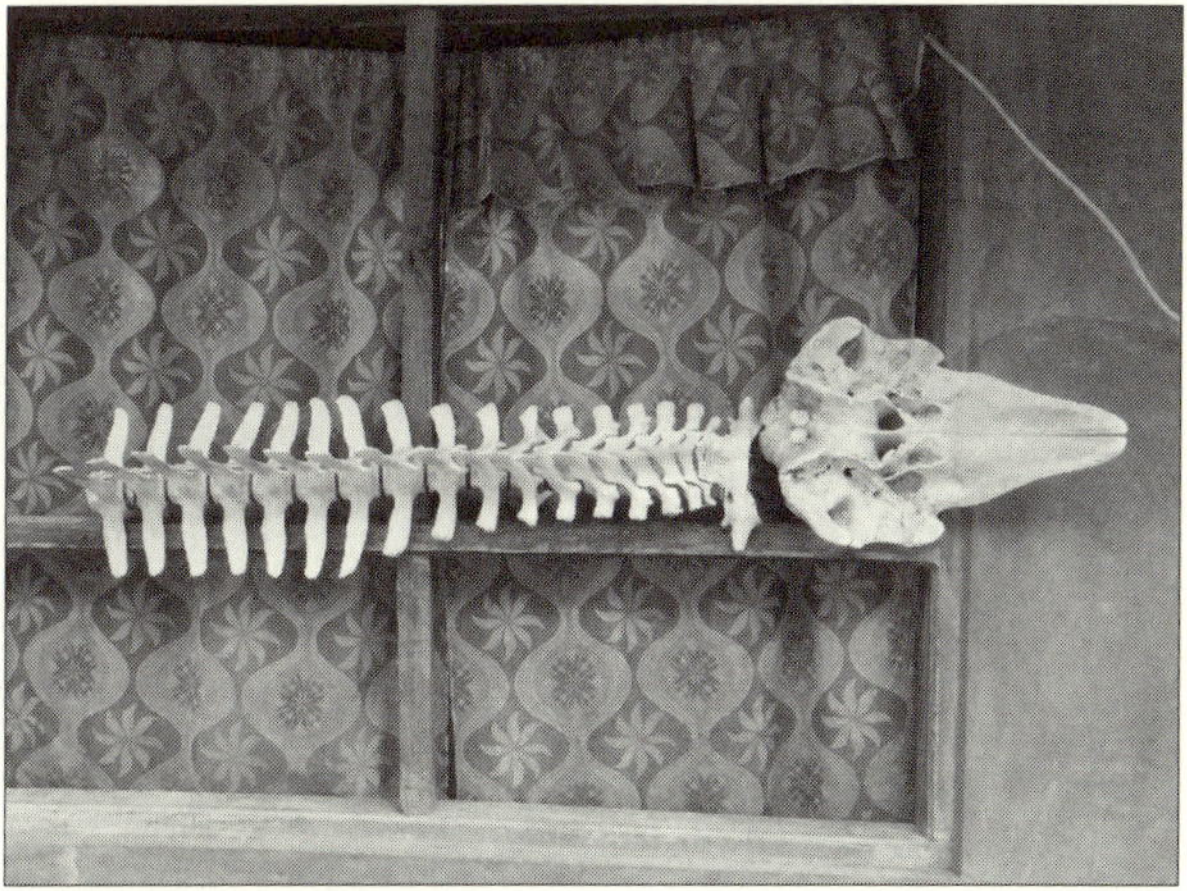

窓の外に飾られているクジラの骨。
こんなものが飾られているのは世界中でここだけだろう。

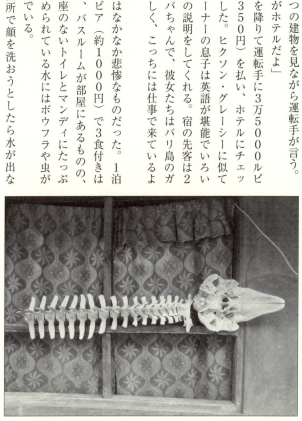

い。英語の注意書きがあり、そこには、村は慢性的な水不足で溜めてある水を使ってくれと書かれていた。

電気は16時から18時まで止まり、部屋の中はクソ暑いのだがクーラーはなく、ファンは壊れていて動かない。仕方がないので夜は窓を開けて蚊帳の中に入るしかない。

宿ではツアーもやっているようだが、『ヒクソン』に確認すると、やはりシーズンオフにはクジラ漁のツアーはやってないそうだ。他のツアーに目をやると、シーズン中にはホエール・ウォッチングもやっている。

1998年に欧米の環境保護団体が次々に村に現れ始め、捕鯨を中止する代わりにホエール・ウォッチングの支援などを提案した。漁師らは一斉に猛反発して追い返したらしいが、ホエール・ウォッチングのツ

村を歩くとこのような光景にも出会う。乾燥させて土産物などに加工するようだ。

アーは行われているようだ。

クジラと共に生きる

少し休んでいると外は薄暗くなってきた。日のあるうちに村を見たかったので海岸を散歩してみることにした。

海岸まで進んでいくと、魚を干している生臭さが漂っている。海風は心地良く、すれ違う村人は笑顔で挨拶をしてくれる。ボロボロの家の中を覗くと、クジラらしい大きな骨が見え、その横には小魚が干されている。この村ではクジラと共に生活しているのだ。

クジラの肉は村人全員でわける習わしがあり、シーズン中には、家々の軒先にはどこにもクジラの肉が干されている。クジラ

浜辺の様子。右の小屋の中には漁で使う船がある。

は人間にとってとてもありがたい生き物で、どこも捨てるところがない。血は子どもに飲ませ、肉や皮は食べたり野菜などと物々交換をし、鯨油はランプ油や薬になるのだ。

砂浜を歩いてみた。村人にカメラを向けると、馴れたように笑顔で応えてくれる。子どもたちもいるが、近づいてくるわけでもなく遠くから俺のことを見てくる。

「ハロー」

子どもを連れたお父さんに言ってみる。お父さんと子どもは笑いながら返事をする。中には「ジャパン？」と聞いてくる人もいる。そうだと頷くと笑顔になる。

もし情報を一切入手しないでここにやって来たとしたら、なにもない田舎の村という印象を受けるだけで、特に感じるものはないだろう。だが、この海では400年以上も昔からクジラ漁を続けてきたのだ。

俺はゆっくりと暗くなっていく海に目をやった。今でもシーズンになれば帆をはった木製の船に乗り、「ラマファ」と呼ばれるクジラ・ハンターが全体重をかけて船の上からクジラの急所目掛けて飛び込んでいる。その光景が目に浮かぶようだった。

突然イベントが始まる

晩飯を食べた後はまったくやることがない。テレビはないし、ネットもつながらない。仕方がないので、窓を開けて蚊帳に入るが、とにかく暑くて寝付けない。外から涼しい風が入ってきて気持ちよくなりウトウトしていると、突然激しい雷の音がして、強風が吹き込み、窓が勢いよく閉まってしまった。窓が閉まると部屋は蒸し風呂のようだ。激しい豪雨の後、今度は風が途絶え、とても寝ることができない。朝方ようやく眠れたと思ったら、人の話し声で6時に起こされた。

やることもないので眠い目をこすりながら海岸まで散歩に行く。これから船が出るところらしく、横にした丸太の上を滑らせて、大勢が船を押している。波は比較的荒く、懸命にバランスを保ちながら7、8人乗りの船はゆっくりと進んでいく。クジラ漁のシーズンでない今は網を使った漁を

船はゆっくりと沖に漕ぎ出していった。

行っているようで、明け方にそれを回収して回っているのだ。

朝食を終えて、8時過ぎに村の広場に向かうと、30脚ほどの椅子が置かれ、民族衣装を着た村人が10名ほど待機していた。土産物屋もいつのまにか出ている。一体なにが始まるのか。昨日到着したときとは違う村のように活気づいてきた。すると同じ宿のオバちゃんガイド2人がやってきた。

「なにかあるの？」

そう尋ねてみる。

「今日は沖に停泊している豪華客船から観光客が大勢やってくるのよ。それで村でイベントをやるのよ」

クジラ漁に関するイベントかもしれない。俺はウキウキしてきた。

しばらくすると沖合に豪華客船が現れた。停泊した客船からはエンジン付きゴムボートが放たれ、凄いスピードでやってきた。筋肉質の白人の男性2人と、これまた筋肉質の白人女性が乗っている。

10分後、浜は80人以上の乗客で埋め尽くされたが、ほとんどが白人だった。彼らは大多数がすでにリタイアしたと思われる年齢で、金持ちそうな雰囲気を漂わせている。

広場では彼らを歓迎するダンスが始まったが、傍目にもやらされている感が強く、なにも感動はしない。するすると木に登ったり、木とロープを使って火を起こそうとしたりと、クジラ漁とは関係のないガッカリした催し物だった。

村の若者たちの本音

イベントが終わり、高台に登ってみることにした。凄まじい暑さの中、汗を吹き出しながら坂を登ると、どんどん景色がよくなってくる。漁村を高台から眺める。

ここから村が一望できるが、土地が狭くて耕作地がないのが一目でわかる。彼らはクジラの干し肉などを持ち寄り、山奥に住む民族とイモなどの野菜と物々交換をしているのだ。道沿いに進むと雑貨店や民家がある。すれ違う人は笑顔で手を振ってくれる。人々はかなりフレンドリーなようだ。

左手に学校があり、若い男たちがバスケットをしている。1人が俺を認識すると近寄ってきて、「写真を撮ってくれ」と言う。撮った写真を見せてあげると無邪気に喜んでいる。それを見ていた他の男たちも「俺も頼む」とポーズを取る。

英語が少し話せる少年がいたので尋ねてみた。

「学校を卒業したらクジラ漁をやるの？」

当たり前のように頷くと思っていたのだが、意外な返答があった。

「やらないよ。街に出てエンジニアになりたい」

隣にいた少年は更にこんなことを言う。

「クジラ漁は危ない。街に出て働くよ」

宿の息子の『ヒクソン』によると、若い人はクジラ漁に興味がなく、クジラ・ハンターの高齢化は深刻な問題のようである。どんなに辺鄙と言われている場所にも文明化の波が押し寄せてくる。

若者は村を捨て始めている。重労働で危険なわりに収入の少ない漁師になろうとしない。

これは仕方ないことなのか？　もし俺がこの村に生まれたら、と想像すると、若者を否定することはできないが、クジラ漁で

バスケットボールをしていた若者。将来はクジラ漁師にはならないという。

生計を立てている村の伝統が滅びるのは忍びないと感じてしまう。

往年のハンター

豪華客船の観光客は去り、俺も宿に戻ることにした。朝早く起きたので、いろいろ見て回っても朝10時を過ぎたぐらいである。休憩にビールを飲みながら今後の予定を考える。一通り、村を見られたし、クジラ漁の雰囲気も感じることはできた。明日にでも帰ることにしよう。

ちょうど『ヒクソン』が通りかかったので、そのことを伝え、宿泊費を精算した。

「明日のレオレバ行きのバスはここで待っていればいいいんだよね」

そう尋ねると、『ヒクソン』は答える。

「ここにいれば問題ないよ」

「バスは何時？」

「朝3時」

「さ、3時!?　なんでそんなに早いの？」

「それはわからない。大抵の旅行者は2時に起きて、マンディで水浴びをして3時にこの椅子に座ってバスを待っているよ」

唖然としたが、そういうことなら仕方がない。午前中だというのに非常に暑く、1本目のビールを飲み干してしまった。もう1本買って飲もうとしたが、さっきまであった栓抜きが見当たらない。奥に行くと村の長老でもあるオーナーがいた。俺が用件を伝えると栓抜きでビールを開けてくれる。彼の肌は黒く、実年齢はわからないものの、70歳ぐらいと思われる。非常に優しそうで大人しい感じがする男だ。

ふと、棚に置かれている写真に目がいった。クジラ漁の光景を写したこの写真は古く、30歳ぐらいの男はオーナーにどことなく似ている。

「もしかして、あなたですか？」

そうオーナーに尋ねると、静かに答えた。

「これは私の昔の写真だよ」

「昔、クジラ・ハンターだったんですね？」

この村に住む年配の人の多くがそうなのは知っていたが、なんだか嬉しくなる。

「そうだよ。いろいろと大変だったね」

こんなに温厚そうな人が危険なクジラ漁をしていたとは。このような状況で話すと不思議な感じがする。

俺は外の椅子に座ってビールを飲み始めた。

しばらくすると、村の子どもたちが俺のことが珍しいのかジロジロと観察してきてちょっかいを出してきた。最初のうちは構っていたのだが、だんだんと鬱陶しくなり、更に子どもたちも調子に乗って騒ぎ立てる。

俺の苛立ちが頂点に達しそうになったときだ。奥から出てきたオーナーが鋭い声で子どもたちを一喝した。子どもたちは猛獣が突然現れてきたかのように声を上げながら一目散に去っていった。

俺はオーナーの目を見て驚いた。子どもたちを一喝したその目は、若い頃クジラ・ハンターだったことを彷彿とさせる鋭い光をたたえていたのだ。

【名前は知っているのにどんな場所かわからない】

石油で富める国クウェート

Travel No.04

クウェートとはどんなところ？

クウェートという国の名前を初めて意識したのは、1990年8月2日にイラク軍が侵攻したときだった。

そのとき、俺はオーストラリアのゴールドコーストとでホームステイをしていた。当時はネットもなく情報が錯綜していて、実家に国際電話をかけた高校生たちがとんでもないことを言っていた。

「日本が戦争を始める」

「徴兵制を開始して大変なことになる」

「日本に爆弾が落ちる」

冗談で言っているわけではなく、当時短期留学している連中は真面目にそんな心配をしていたのである。その頃、日本は景気のいい時代だったが、これから想像もできない悪夢に突入してしまうのではないかと危惧していた。だが、そんなことも帰国後に笑い話ですんでよかった。

クウェートはアラビア半島の付け根に位置し、アラビア語で『小さな砦』を意味する。300年前までは小さな港でしかなかったが、石油が大量に出たおかげで発展してきた。もし石油の恩恵がなかったら、人口も325万人と少なく、国土も四国ぐらいの大きさしかないクウェートは実質上、サウジアラビアかイラクに全面的に依存するか、貧困国になっていただろう。

また、この国には、言論や表現の自由が存在しないことでも有名で、2011年にはエジプト人児童が小学校で「どうして先生の国では革命が起きないの?」と教師に聞いただけで停学処分になっている。政治形態は立憲君主制だが、首相をはじめ内閣の要職はサバーハ家によって占められていて、一族独裁による絶対君主制というのが実態である。

バンコクからモロッコに行くフライトをネットで検索しているとき、ふとクウェート経由で行くのも面白いなと思った。旅人もほとんど立ち寄ることがないし、噂にものぼらない。一体、どんな国なのだろうか。

ガイドブックにも詳しく書かれていないのでネットで調べてみると『とにかく何もない場

所』らしい。酒、女遊び、同性愛が宗教上、厳しく取り締まられていて、違反すると罰せられてしまう。なんたる息苦しさだろうか。観光地も特になく、行ってもひたすら退屈のようだ。

俺は過去、ここまで厳格でなおかつ退屈そうな国に行ったことがないので、非常に興味を持った。何もないなら、どのくらいなにもないか、この目で確かめたくなってきた。

クウェートに向かう

バンコクを早朝に飛び立った飛行機はインドのムンバイに到着した。ここで5時間のトランジットである。俺はこの空港を2回利用したことがあるがいい思い出はない。怪しい係員はいるし、全体的に薄暗く、気持ちが沈むような空港なのだ。俺は文庫本を用意し、読書しながら待ち時間を過ごそうと考えていたが、降りた瞬間、驚いた。

「なんだ、ここ!?」

空港が近代的になり、とても綺麗になっているのである。鬱陶しい係員もおらず、お洒落なレストランもたくさんある。とてもここがインドだとは信じられない。

2014年1月にこの新しいターミナルはオープンした。ムンバイ空港は世界で48位の乗降客数があり、2017年には年間4000万人になると予想されている。

しばらくソファでゆっくりし、搭乗口に向かった。クウェート・シティー行きはサウジアラビアのダッカ行きの隣のゲートだったが、客層はほぼ同じである。ムスリムの白い服を着た現地の人、いかにも労働者風のインド人、まるで観光に行くような陽気な出稼ぎフィリピン人などの姿がある。一方、日本人、中国人、白人は1人もいない。

機内に乗り込むと、周りはインド人だらけだ。約4時間のフライトでクウェート・シティーに到着すると、立ち上がることを許可するランプが点滅する前にインド人乗客が出口に殺到。本当にクウェートに着いたのだろうか？

クウェート人の空港職員の勤務態度

クウェートでは、サービス業や肉体労働者は海外からの出稼ぎに頼っている。これはサウジアラビアやアラブ首長国連邦などの産油国と同じである。

人口の少ないクウェート人は税金が免除されているし、さまざまな特権がある。仕事も保障されており、一生懸命に働かなくても充分な給料がもらえる。そもそもこの国で生活をする人の中でクウェート国籍の人は40％しかおらず、残りの60％をインド、パキスタン、バングラデシュ、エジプト、フィリピンなどの外国人労働者が占めている。

世界でも有数の石油埋蔵量のおかげで、クウェート人の平均年収は１５００万円で9割が公務員だという。空港職員もおそらくそうなのだろうが、努力をしなくてもクビになることがないからか、仕事ぶりが怠慢になっていくのは仕方がないことかもしれない。

クウェートの空港に到着したらまずビザを取得しなければならない。ビザ代が必要なので、その前に両替所に向かう。スタッフはクウェート人のフレンドリーな男なのだが、時間が異常にかかる。パスポートをコピーし、データを入力。スタッフは1人しか作業しておらず、俺の後ろから来たフィリピン人女性がスタッフに聞く。

「ペソを両替できるか？」

「ペソはできない」

今度はインド人らしき女性がやってきて尋ねる。

「ルピーの両替はできるか？」

「できない」

そんなやりとりが続いてからようやく俺はクウェートの通貨であるディナールを受け取る。1ディナールは約400円で、2分の1、4分の1ディナール札も存在する。

ビザカウンターに向かおうとするが、空港は不親切で目的地が記されていないし、誘導するスタッフもいない。ただフラフラとしているだけのスタッフは大勢いるのだから、案内用の人員を配置させればいいのだ。俺は何をすればいいかわからずにウロウロしていた。すると白人の男性が声をかけてくれた。

「ここにある紙に記入してあそこに提出するみたいだよ」

それを記入し、整理券を取って自分の番号が表示されたらカウンターに行く。銀行の窓口のようなものだが、それを誘導する者、手伝う人がまったくいない。そもそも外国人に対するおもてなしはゼロ。ちなみに出稼ぎ労働者は最初から労働ビザを取っているのでここには1人もいない。

自分の番になったのでビザの発給依頼をする。スタッフはクウェート人の男。やる気がなく、態度も悪いが、なぜか日本語で話しかけてくる。彼はパスポートをコピーして、ぶっきらぼうに言う。

「印紙を自動販売機で購入してあそこの窓口に持っていくように」

それにしても面倒くさい。他の国で到着ビザを取る場合、非常に簡単なのである。どうしてこうも要領が悪く、外国人に不親切なのか。もしかしたら、観光客に来てもらわなくても別にイイと思っているのかもしれない。

印紙の自動販売機に行き、ぴったり3ディナール（約1200円）を入れて印紙を出す。ちなみにツリが出ないようで俺の後ろの人は困っている。

それから約10分経ち、電光掲示板に自分の番号が表示されたので、一番端のカウンターに印紙と、さきほどもらった書類を持っていく。そこのスタッフはおそらく日本に住んでいたら振り込め詐欺でもしていそうな胡散くさそうな人間で、なんとスマホの動画を観ながら応対する。簡単な質問でもあると思ったが何もなし。面倒くさそうに業務をし、A4サイズの紙をパスポートに挟んで終わりである。これでビザ取得終了。

早くも俺はイライラしてきたが、帰りの空港でもろくなことがなかった。チェックイン・カウンターは不親切だし、イミグレの女性は、なんと電話しながらの対応。全体的にそんな雰囲気だから注意する人はいない。喫煙所に入ればスタッフ皆で話しながらタバコをふかしている。

その一方で、フィリピン人女性が一生懸命にサービスにあたっていて、清掃はインド人の男女が常に床をピカピカにしているのでトイレや空港内は綺麗だ。これが出稼ぎ労働に頼っているクウェートという国の実態なのだろう。

クウェートはなにがあるのか

空港を出ると人でごったがえしていた。2月のクウェートの夜は、16度ぐらいで涼しい。ここからホテルのあるハラリ地区まではタクシーで約3000円かかるのだが、ホテルに迎えを頼んでいた。実は、物価の高いクウェートでホテルをどうするか悩んでいた。バックパッカー宿はなく、数少ない安宿は設備が悪いし、すぐに満室になってしまう。俺は早めにホテル予約サイトで取ったので、朝食、送迎付き、1泊6000円で予約することができた。ちなみにホテルに貼られている料金表を見ると1泊150ドルもする。

さてと、迎えは来るのだろうか？　来ない場合も想定する必要があり、その場合、タクシーを利用するしかない。そんなことを考えていると、目の前に俺の名前が書かれたボードを持ったインド人の男がいた。俺のことをすぐに認識し、笑顔で迎えてくれる。

彼と駐車場に停めてある車に乗り込む。彼はインドのコルカタ出身で、ホテルで送迎と雑用の仕事をしている。俺は一番気になっていることを尋ねた。

「クウェートでは本当に酒は飲めないの？」

「ああ、本当にダメなんだよ。法律が厳しくてどこでも飲めない」

外国人に限り、ホテルの自室やバーなどでアルコールを飲むことができる中東の国

迎えに来た運転手。乗っているのはトヨタ車だ。

もあるが、クウェートでは持ち込むことさえできない。

「その代わりタバコはどこでもＯＫだよ」

彼はそう言ってタバコに火をつける。俺もバンコクを発ってから吸っていなかったので火をつけようとしたが駐車場内には禁煙の表示がある。

「いいのか？」

「関係ないよ」

確かに車に乗っているほとんどの人がタバコを吸っている。

車は走り出す。街灯が狭い間隔で立ち、薄暗く光っている。砂漠の中にある街を走るのは砂が少し舞っていて不思議な雰囲気だ。もし砂嵐の時期に来てしまったら、空港は封鎖され外出もできなくなるようだ。

しばらく外を眺めていたが、民家は見えず道路がただただ延びていて本当に人が住んでいるのだろうかという疑問がわく。ニューヨークやドバイのように高層ビルが林立しているわけでもなく、広い砂漠の高速道路を延々と突き進んでいく感じだ。これだけ見ても、とても潤っている国には見えない。

２０１１年にはクウェートのサバーハ首長が建国50周年のご祝儀として、国民全員に１人あたり日本円で約30万円の支給と、１年２ヵ月間の食料無料配給を政府に命じた（しかし外国人労働者は除外された）らしいが、とても信じられない。

運転手が口を開く。

「この街は車社会だから車がないとどこにも行けないんだよ。クウェート人は何台も持っているよ」

「俺、公共バスと歩きで街の移動を考えているんだけど」

「歩きはキツイかもね。バスは……」

そこまで言うと、彼はバカにするように続けた。

「不便だし、治安も悪いし、観光客は乗らない方がいいね。勧められない」

彼と同じインド人も公共のバスを利用しているはずだが、ずいぶんと下に見た言い方をする。おそらく彼は車を使える立場だからなのだろう。

車はホテルに到着した。インド人のポーターが荷物を運んでくれてとてもいい対応である。受付はフィリピン人の女性でこれまた笑顔が素晴らしく文句なし。フィリピン人女性は非常にサービス業に向いているなと改めて思う。

時刻は22時を過ぎていたが、近くにスーパーがあるらしいので行ってみることにした。店内はインド人や、その他の人種でいっぱいだ。

スーパーでカップラーメンと飲み物を購入する。新しい街に到着すると酒を飲むのが楽しみなのだが、ここでは諦めるしかない。ノンアルコールのビールがたくさん陳列してあったが、そんなものを見ると余計にほしくなってしまう。

部屋でカップラーメンを食べながらネットで調べ物をしていた。やはりエロサイトは観ることができないのかと疑問に思ったので登録してあるサイトにアクセスするがすべてつながらない。わかっていたことだが少し、いや、非常に残念だ。

歩行者に厳しすぎる街

翌朝9時半にホテルを出る。フロントで街の地図をもらうが、海外でよくあるような大雑把な代物で、はっきり言って見てもまったくわからない。そもそも俺は日本で車の助手席に乗っても地図が読めず、ナビゲーションを放棄、運転手が怒るというレベルの方向音痴なのだ。

手に持っているのは『地球の歩き方』クウェート・シティーの地図部分をコピーしたものだけで、最悪の場合を考えてホテル・カードを携帯している。

この街にはモノレールも地下鉄もなく、出稼ぎ労働者は公共バス、クウェート人は車、ビジネスマンや数少ない旅行者はタクシーを使う。

俺は歩いて街の感覚をつかみたいと思っていた。地図を見ると中心地まで3キロぐらいで、街の人に聞いても歩いて約1時間だという。後にこれは大間違いだということに気付くが、とりあえず中心地を目指して歩き始めた。

地図によると、高速道路沿いに進めばよさそうなのでそこまで向かう。暑い時期は灼熱の日差しに襲われるが、2月のクウェートは1年で最も過ごしやすく午前中は22、23度ぐらいだ。商店が並んでいるエリアを歩くがどこも店が閉まっていて、人はあまり歩いていない。今日は金曜日でイスラム圏では日曜日にあたるのだ。

すれ違うのはインド系とフィリピン人ばかり。小さなショッピングセンターが開いていたので入るが、旧共産国にあるような無機質で面白味に欠けるものである。

スーパーを出て少し歩くと高速道路に突き当たった。車が凄いスピードで俺の前を通過していく。もう進めないのかと落胆したが、道路の横に歩行者が歩けるような狭い道があったので進んでみる。

左手にレストランや倉庫が見えてくるが、人はいない。1人寂しく歩き続けたが、狭い道はそこで途絶えてしまった。まさか高速道路の上を歩くわけにはいかない。引き返して歩けるような道を探すが、歩行者のことを考えていないこの街は俺に残酷な仕打ちをする。まったく歩ける道が存在しないのである。

仕方ないので来た道を戻り、比較的広い道から中心地を目指すことにした。街にはマックがあり、電気街もある。歩いているのは男ばかり。女性はいることにはいるが、旦那か彼氏と一緒だ。カフェにいるのは年配の男性ばかりで水タバコをふかしている。

ホテルを出てから1時間30分が経過。なかなか中心地に着かない。長い歩道橋があったので渡ってみると、今まで歩いてきた道と同じような建物、スーク、空地がある。同じ場所をぐるぐると回っている気がしてきて楽しくもなんともない。庶民の生活や暮らしなどが垣間見られるわけではなく、日本でたとえると、地方都市の新興住宅街を歩いている感じに近い。

俺はかなり疲れてきた。もう自分がどこを歩いているかわからない。世界中の街を歩いてきたが、これほど歩行者に残酷な街もない。あの橋を渡れば着きそうだと思っても高速道路に突き当たってしまうし、どうすることもできない。休もうにも、適当なカフェも公園もない。なんだか負けたような気持ちになって躊躇したが、短いクウェートでの滞在時間がもったいないと判断してタクシーを拾う。

高速道路沿いを進んでみたが……。

「クウェート・タワーまで2ディナール（約800円）だよ」

40代の運転手は言う。彼はインドのムンバイ出身で、俺がムンバイからのフライトで来たと言うと「僕が来たのと同じ便だと思うよ」と笑っている。タクシーは5、6分走るとクウェート・タワーに到着。乗車した場所からそれほど距離はないが自動車専用道路を通ったので徒歩でたどり着くのは無理だと思う。

「ここがクウェート・タワーで、あそこでチケット買えばいいよ。では良い旅を！」

運転手は優しく言ってくれた。タクシーを降りると塔をバックに何人かの観光客が記念撮影をしている。

クウェート・タワー

1979年に完成したクウェート・タワーは3つあり、一番大きなタワーは高さが187メートルで、2つの球体で形成されている。上の方の球体の123メートルの場所が展望台になっていて、下の球体は上部がレストランで、下部は給水塔になっているようだ。

俺がチケット売り場に向っているとスタッフに呼び止められた。

「今日は入れないよ」

「え、なんで？　休み？」

「そうだよ」

「明日はやってる？」

「やってない。今、工事中で再開するのは半年後だよ」

　俺は呆然として立ち尽くした。観光する場所もまともにないクウェート・シティーで最大の観光地が休業。思えばドバイに行ったときも有名なブルジュ・ハリファが休業で悔しかったが、ここでも同じとは。仕方ないのでアラビアン・ガルフ・ストリート沿いの道を歩くことにする。タワーの下にはアクア・パークがあり、週末は家族連れなどで賑わうようだが、今は2、3人しかいない。

　しばらく海岸線をノンビリと歩くが、いたって平和でアラブ人と白人の観光客がチラホラいるくらいである。レストランが数

クウェート・タワー。入れなくて残念だ。

軒並んでいるエリアがあり、地元の人がコーヒーを飲みながらタバコや水タバコを吹かしている。海から心地の良い風が入ってきて非常に気持ちがいい。すると、ジャージを着てマラソンをしている東洋人の中年男性と目が合った。俺の中ではこんな場所で東洋人とすれ違うことなど思いもよらず、なおかつ一瞬のことだった。男性は日本人特有の、目を見ながら『ペコッ』と、挨拶して走り去った。

『しまった、あの人、日本人だ!』

旅行者には見えなかったし、駐在員かもしれない。話を聞ける絶好のチャンスではないか。この国に住んでいて、どんなことが楽しいのかぜひ聞いてみたい。俺は走っていった方向に振り返ったが、男性はもうかなり遠くまで行ってしまっていた。もしかして戻ってくるかもしれないと思い、10分くらいタバコを吸いながら待っていたがやってこなかった。

そのまま海岸線を歩き続ける。想像以上に距離があるし、日差しがだんだんときつくなってきたので上着を脱ぐ。

シャルクマーケットというショッピングモールを過ぎると魚市場がある。ここではクウェートで獲られた海鮮類が売られており、現地の人でごったがえしている。その近くには漁港があり、昔ながらのダウ船が停泊している。船員たちは、船の整備をしていたり、休んでいたりする。

そのまま街の中心部まで歩いていく。それにしても誰も歩いていない。たまに歩いている人がいると思えばインド人のグループなどだ。中心部はそもそも観光地でもないのでビルが単調に立ち並んでいるだけで派手な装飾もないし、面白味に欠ける。国自体も新しく、歴史的な建造物があるわけでもない。本当に約25年前に戦争が起こったのか、と思われるくらい整然としている。

一体、このクウェートになにがあるのか？　『何もない国』と事前情報では知っていたが、実際に来てみれば何か見つかると俺は思っていた。だが、『本当に何もない国』なのである。こんな場所で暮らして楽しいのだろうか。

クウェート人に余暇の楽しみ方を聞いてみると、日が沈んで涼しくなってから浜辺を散歩したりサッカーやバレーボールなどを楽しみ、車やバイクで街中を走り回ると

魚市場は活気がある。

いう答えが返ってくる。

サファットスクエアの一帯がゴールド・スーク、ベドウィン・スークになっており、人が大勢集まっている。食料品や衣類などが売られている他、レストランもたくさんあり、なかなか楽しく、クウェート・シティーで一番のオススメの場所である。

中心地に来ると、何台もの公共バスが停まっていて、インド系やフィリピン人が乗り込んでいる。特に見るべきものはなく退屈で、砂埃もひどくて視界も悪い。俺はかなりの距離を歩いたので足が痛くなり、ホテルに戻ろうとした。

タクシーの運転手にホテル・カードに書かれている住所を見せると「知らない」と乗車拒否のオンパレードである。ドバイでも同じことをされた経験があるが、俺の泊まるような無名のホテルだと探すのが面倒だからか、クウェート及びアラブ産油国の人以外の外国人を避けているのかわからないが、非常に嫌がられる。しかし、タクシーに乗らないわけにはいかないので執拗に粘ると5台目のタクシーがやっと乗せてくれた。

クウェート・シティの街角

ホテルに着くと疲れきっていて、動くのが非常に億劫だった。こんなに歩くとは考えていなかった。少し休んでから晩飯を食べにいこうと考えるが、どうするか。

ホテルにレストランがあればいいが、ない。スーパーで買ってくるのも味気ない。近くに出稼ぎ労働者が利用するインド・レストランがあるが食べる気が起きない。もう一度中心部までタクシーで行くのは面倒くさい。仕方ないので歩いて5、6分の場所にあるマクドナルドで食事をすることにした。ちなみに俺は日本ではファストフードが嫌いで行かないが、海外に出ると食べる機会が増える。店員はフィリピン人女性で非常に対応がよく、客はクウェート人ばかりでカップルが多い。

腹一杯食べ、店を出る頃には薄暗くなっていた。この時間からシャッターを開ける店が多いようだ。暑い国では昼過ぎから街に人が出なくなるので、涼しくなった夕方から営業するスタイルをとる。散策してみると、この一帯は貴金属店ばかりにもかかわらず、警備員がまったくいない。これがこの国の治安のよさを表している。こんなに高そうな貴金属店が軒を連ねているが客なんて来るのかと、しばらく観察していると、高級車に乗った地元の人たちがやってきて購入している。

宿の近くに戻ると5、6匹の猫がゴミを漁っている。イスラム圏では犬は不浄の物とされ、野良犬は容赦なく殺処分されるために野良犬はいない。生態系のトップに躍り出た猫たちは態度が大きく、なおかつ人間に可愛がられているためか、近づいても逃げないどころか『お前にも餌やろうか』と言っているような顔を浴びせてくる。

閑散としている国立博物館

翌日、宿の近くでタクシーを拾い、ガイドブックに書かれているクウェート国立博物館に向かう。やはり数少ない観光スポットは押さえておきたい。国立博物館というからには、国を代表する場所でもあるはずだ。しかし、インド人のタクシー運転手は「行ったこともないし、そんな場所があるなんて知らない」とクビをひねりながら俺を乗せ、人にさんざん尋ねてようやく到着した。

観光客はまったくおらず、受付のような場所に行くと、スマホを触っている態度の悪い男がいた。この男はクウェート人かどうかわからないがアラブ系で、英語を話すことができない。近くにいた清掃をしているインド人に通訳を頼むものの、彼も英語がダメ。

休みなのか、閉鎖されているのかわからないが、入場料が無料なのは知っている。面倒くさいのでそのまま通過しようとするが通してくれない。どうやらＩＤが必要らしいが、俺はホテルにパスポートを置いてきている。そもそもなぜこんな場所でＩＤが必要なのだろう。しばらくやりとりをしていたが、男は面倒くさくなったのか「もう通っていいよ」となった。

館内に入るが誰もいない。適当に展示物を見ていると、クウェート人の男性スタッフ２人が話しながらやってきて、少し展示品の説明をしてくれる。それにしても暇な仕事だな。彼らは２人で会話しながらスマホをいじっている。

クウェート人の彼らは公務員扱いで給料はいいのだろう。なにせ、国民の平均年収が1500万円である。仕事は楽で、金の心配をする必要はない。考えてみれば世界中には莫大な数の貧困生活者がいて、一生懸命に働いても1日5ドルしか稼げない人も多い。それなのに、クウェート人に生まれるとこれほどまで金に不自由しなくてすむとは、なんと世の中は不公平なのか。そんなことを考える。

この国立博物館では1人も他の観光客を目にすることがない。敷地は広く、いくつかの建物に別れている。紙幣、硬貨、青銅器の出土品などが展示されているエリアを見学し、同じ敷地内にあるサドゥハウスに入る。ここはオイル時代前からの建物らしく、蝋人形を使って昔から現在までのク

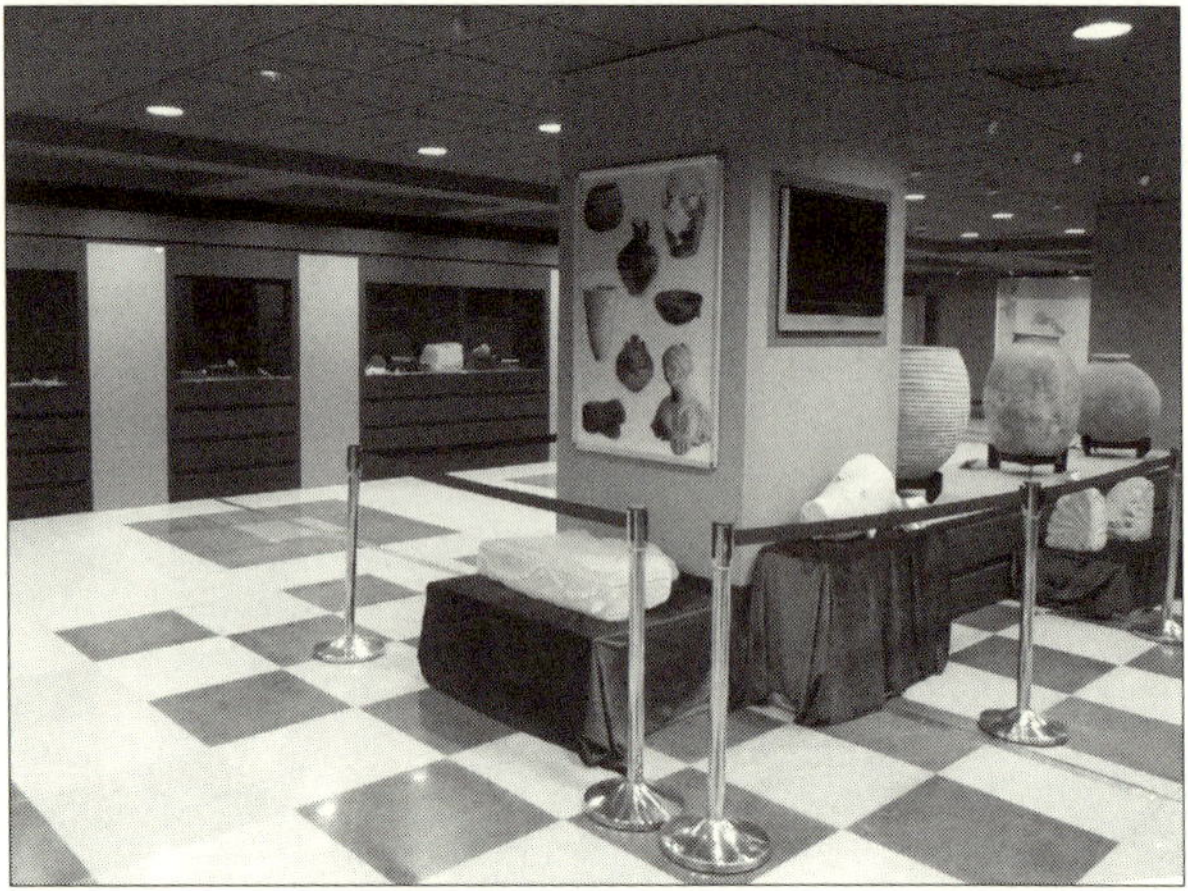

館内には誰もいない。

ウェート人の暮らしなどを再現していて面白い。

博物館を出た後、街を歩き、シャルクマーケットに到着した。クウェートで最も大きいショッピングモールらしいのだが、俺はドバイにあるような近代的で大きなものを想像していた。

ここは3階建てで大きくはない。中にはH&MやZARAなどのカジュアルブランドからマクドナルド、バーガーキング、ピザハット、スタバなどが揃っている。スーパーマーケットもあるし、映画館、ゲームコーナーもある。特にやることのないこの街では外国人が集中するようで、かなりの数を目にする。

レストランが何軒かあるが、食指を動かされるものはない。だが、他に食事ができ

クウェート市内の典型的な街並み。

るスポットもないのでピザハットに入ることにした。

サラダを食べながら隣にあるバーガーキングをふと見ると、インド人の女性4人が、若いクウェート人女性2人と子ども3人を連れて合計9人で入ってきた。このインド人女性4人は子守なのだろう。彼女たちはハンバーガーを注文することもなくひたすら子守をし、クウェート人女性は特になにもせずに子どもたちを見ながらハンバーガーに喰らいついていた。

クウェートはこれでいいのだ

食事を終え、タクシーを拾おうとしたが全然つかまらない。3台くらい連なってきたと思ってもすでに乗客を乗せている。すると、パトカーから2人の警官がジロジロと俺を見てくる。これは面倒だ。完全に職質されるなと思っていると、若い警官に手招きされる。年上の外国人にその態度はないだろう。文句を言いたい気持ちを抑え、彼らのところにいくと警官は横柄な態度で言う。

「パスポートを見せろ」

「ホテルに置いてきた」

「なぜ持ち歩いてないんだ?」

俺はホテル・カードを見せながら言う。

「忘れた。ホテルに行けばあるよ」

「観光か?」

「そうだ」

「中国人か?」

「日本の東京から来た」

そう言うと、警官の態度ががらりと変わって笑顔になった。

「そうか、日本か。今寒いか?」

世間話が始まったが、パスポート不携帯で警察署に行くのは御免である。少し演技でもするか。

「今タクシーを探しているんだけど、どこに停まっているか知ってる?」

仕事が増えるのが嫌なのか、面倒くさそうな顔をしながら指を差した。

「あっちにあるよ」

「あっちって、どこ? タクシーが停まっている場所がすぐに見えるの?」

警官は露骨に嫌な顔をしながら、

「俺たちはもう行くから」

と行ってしまった。

それから10分歩き、ようやくタクシーをつかまえる。乗るなり、運転手が尋ねてきた。

「中国人か？」

「日本人だよ」

「おお、珍しいね」

と世間話が弾む。運転手はバングラディシュ人で、クウェート在住13年目になるそうだ。家族を国から呼び寄せてずっとここで暮らしている。生活も安定しているし、出稼ぎ労働者の仲間も多く楽しいという。


クウェートは石油で潤い、国民の大半は海外の大学に通ったり、旅行に行って、大金を使い人生を謳歌しているように見える。一方、出稼ぎに来ている人たちは、本国では仕事がなくて貧しくても、ここには働き口があって幸せになっている人もいるようだ。また、出稼ぎ労働者の国にとってみれば、人口が多すぎて働き口がない自国の人をクウェートで雇用してもらい、送金によって金が流入するのは喜ばしいことだろう。

クウェートは『究極のボランティア国家』なんじゃないのか、そんなことを思う。もし観光に力を入れたとしても、石油マネーとは比べものにならないくらい微々たるものだ。自国民が潤い、出稼ぎ労働者に賃金が渡るシステムさえあれば、それでいいのだ。観光客のことなど考える必要はないのである。外国人が「何もない」などと、文句を言おうが、どうでもいいことなのかもしれない。

タクシーはホテルに近づいてきた。降りる前にこの運転手に尋ねたいことがあった。俺は酒が大好きなのだが、酒がまったく飲めない生活は、どういう気持ちなのだろうか？　それを運転手に尋ねると、彼はこう答えた。

「もともと酒を飲む習慣がなかったのでどうでもいいよ」

【真っ青に染まった家々の壁】

モロッコの青い街シャウエン

Travel No.05

幻想的な青い街

モロッコには『青い街』があるらしい。

興味を持ったので調べてみると、そこはシャウエンという街のメディナ（旧市街）にあり、家や壁が青く塗られていて、街中が青に染まっている一帯だという。ジブリ映画の世界に登場するような幻想的な街である。

更に訪れた人の文章を読むと、街全体がノンビリとしていて、治安もよく旅行者もリラックスできるようである。

シャウエンは注目されてからそれほど時間が経っていない。10年くらい前まで、モロッコに行った旅人に聞いても話題にも上らなかったが、今ではモロッコを訪れる旅行者の人気になってきている。

俺は非常に『青い街』に興味を持った。本当に噂通り素晴らしく、くつろげる街なのか？噂の検証を含めて行ってみたくなった。

俺はこのシャウエンでノンビリと体を休めようと計画を立てた。鬱陶しい現地人もいないようだし、『青い街』の中で寝起きし、酒を飲みながら食事をするのを想像しただけでウキウキしてくる。モロッコでの旅の疲れを癒すのにちょうどよさそうである。

さて、シャウエンに行ったら、どうやって休み、リラックスするか、期待は膨らむばかりだ。

シャウエンで休日を

19時過ぎに、俺が乗ったミニバスはシャウエン旧市街の入口に到着した。だが、降ろされたのはいいが、ここがどこなのかまったくわからない。事前に地図を調べていない俺も悪いが、こんなに遅い時間に着くとは思っていなかったのだ。人が大勢歩いているが暗いし、どこにホテルがあるのかもわからない。

俺はミニバスの運転手に地図を見せ、現在地を確認しようと試みるが全然わからないようだ。すると、自称ガイドか客引きかわからないベルベル人が近づいてきた。ベルベル人はジェラバと呼ばれる伝統的な民族衣装を着ていて、フードの尖っている部分が魔法使いのような雰囲気を醸し出している。わかりやすく言えば、『ネズミ小僧』のような格好だ。ベルベル人の男は困っている俺に尋ねる。

「どこのホテルに行きたいんだ？」

「ここだよ」

俺が住所を書いた紙を見せると、ベルベル人は自信満々な態度で言う。

「ああ、知っているよ。ついて来いよ」

「後でチップを要求してくるんだろ？」

そう言うと黙っている。到着早々トラブルになる予感もしないではなかったが、今はこの男に連れていってもらうしかないので少しぐらいのチップは仕方ないだろう。

男の後ろをついていくが、この街は坂道ばかりなので、重いリュックを背負っている俺はどんどん疲れていき、2月の寒い時期でも汗が出てくる。ずいぶん遠いなと思っていると、長い坂道が見えてきた。どうやら俺が目指しているホテルはこの坂道のずっと上のようだ。

すると男はすぐ近くにある小綺麗なホテルを指差して言う。

「あそこのホテルは綺麗で、日本人も多く泊まっているよ。そこにするか？」

疲れきっていた俺は頷いた。

ホテルに入ると大学の卒業旅行で来ているという日本人男性が2人いたので、世間話をしながら気になる質問をしてみた。

「このホテルはどう？」

「ネットで調べていたら日本人が多く泊まっているので安心だし、綺麗だし、くつろげそうなのでここのホテルにしました。実際泊まってみたらスタッフの応対もいいし、かなりいいですよ」

「シャウエンの街は居心地いい？」

「他の街みたいにウザイ人もいないし、景色も綺麗だし、ゆっくりできると思いますよ」

俺は安心した。このホテルでノンビリしながら、しっかり休養を取ろう。

先程のベルベル人が俺の方を見ている。さすがにチップは払わないといけない。少し多めに20ディルハム（２４０円）を払う。これで男は去ると思っていたが、怒った表情をしている。モロッコに何回も行ったことがある人なら俺があげた金は十分どころか多いと文句を言うだろう。俺はこのとき、くたびれていたし、面倒で、トラブルを防ぐために多めに渡したのだ。男は強い口調で言ってくる。

「少ない。他の日本人はもっとくれる。40くれ」

「ふざけるな、これで充分だろ」

今まで連れてきた日本人はもっと払っていたのだろう。ベルベル人は粘れば更に金を取れると思っているのか、半分脅かすように言う。

「納得できない。よいホテルを紹介したんだぞ」

「だから20もあげるんだろ！　他の街ではこれでみんな喜んでいたぞ」

　俺はそう言い放つと部屋に戻った。あとは無視である。

　晩飯を食べに部屋を出るとすでに男の姿はなかったが、『休息』をしにやってきたシャウエンでいきなり疲れる思いをしてしまった。もうこんなことは忘れよう。これからレストランでビールを飲みながら食事しリラックスしよう。そう思った。

猫の街

　時刻は20時を回っている。俺は腹が減ったのでレストランが集まる広場まで行ってみることにした。そこはレストランが十数軒並んでいて、客引きが店の前で大声を出

部屋は綺麗だった。

して呼び込みをしている。一軒の店に入り、奥の席に腰をおろした。客は2組いる。観光客が集まる場所だしビールぐらいあるだろうと注文するが、非情にも「ありません」という答えだ。

とてもショックである。俺の旅での楽しみは移動した後のビールなのである。モロッコでは最初からある程度諦めていたが、ある旅行者から「観光客が集まる場所はアルコールが置いてあるよ」と聞いていたのでショックも大きい。ガッカリしながらモロッコ名物のタジン鍋と、モロッコ風サラダを注文する。

もともとタジンとは、料理に使われるとんがり帽子のような形の蓋が特徴的な土鍋のことを指している。羊肉、鶏肉、野菜などに香辛料を入れて煮込んだものだが店によって味は違う。

店内を見まわすと猫が何匹もいて、客の食べ物にちょっかいをだしている。モロッコの街の中心部には野良犬を見かけないが、そのかわりに猫が我がもの顔で闊歩している。特にこのシャウエンは猫好きの間では有名らしく、街を歩けば餌をあげている人の姿も目につく。

猫たちは客の近くの椅子に陣取って、そこから手を出そうとしている。客は料理用ナイフで脅かして追い返す。時折、店のスタッフが「こら出てけ！」と手を叩きながら猫を追い出すが再び戻ってくる。とんでもないところだなと思っていると、俺の席に料理が運ばれてきた。サラダを食べパンを口に入れる。タジンは塩辛く不味い。俺はかなりの空腹だったのでそれでも無理矢理に腹に入れた。それにしてもこの日はいいことがなかった。長いバス移動の後、変な場所で降ろされ、シャウエンにやっと着いたと思ったらベルベル人と揉め、ビールを飲みたかったが飲めず、やっとありついた食事は不味い。

シャウエンは休息する場所と決めていたのだが、少し予定が狂ってしまったようだ。だが、これからきっといいことがあるだろう。前向きに考えよう。

半分を食べ終えたとき、3匹の猫が俺を囲むようにやってきた。俺の前に座っている猫は手を出して食べ物を奪おうとしてくる。ずいぶんと人を恐れないものだ。俺は追い払おうとするが人間を舐めているようで逃げない。レストランの中に動物を入れてしまうのもどうかしているが、この街では猫は特別なものなのだろう。猫好きなら構わないかもしれないが俺は苦手なのだ。迷惑この上ない。寒い中、不味い飯を無理矢理腹に押し込めながら猫の攻撃を防御。『金返せよ』という気分である。

シャウエンの街が青いワケ

シャウエンの街は写真を見る限り、壁や家が真っ青で綺麗だが、実際に来てみると、それらのすべてが真っ青というわけではなく、白い部分も多く目立つのがわかる。

この青白い街の壁は、ギリシャやイタリアを旅すれば見かけることがある、防水性や除菌にたけた石灰を使った壁と同様のもののようだ。

この街の成り立ちはヨーロッパの歴史と関係がある。ヨーロッパ勢が次々にイベリア半島に勢力を伸ばすと、イスラム勢は退却をし、追われてきたムーア人が城塞になるように立ち上げたのが街の始まりだ。1930年頃にユダヤ人がこの街に移住してくると、ユダヤ人にとって神聖な色である青で家の外壁が塗られるようになった。イスラエル建国後にユダヤ人たちは去ったが、住人たちは青い街を残し、今ではヨーロッパ人に人気の観光地になったのだ。

街を歩き始めたが坂道が非常に多い。足腰が弱い人やお年寄りにはキツイだろう。街自体は平和で鬱陶しいやつはいないし、日本人や中国人観光客は首から一眼レフカメラをぶら下げている。楽しい場所だが、

モノクロにすると味気なくなってしまうが、とにかく美しい街である。

メディナは小さいので、観光だけなら半日か1日で十分なような気もする。俺はゆっくり休みたかったので3泊したが、1泊しかしない旅行者も多いようだ。

街をふらついていると、20代後半の日本人カップルがカフェでコーヒーを飲んでいた。目が合ったので軽く会釈をすると「日本の方ですか？」と話しかけられた。

このカップルは旅を始めて半年目。モロッコには10日間滞在していて、休息のためにシャウエンに今日やって来たという。男性が言う。

「モロッコはなにかと疲れる場所なので、ここはオアシスみたいなものですよ」

俺と同じ考えの人もいるらしい。

彼らとしばらく話して俺は再び街の探索を始める。旧市街は市場や商店などがあって楽しいが、頻繁に「マリファナかハッシシはいらないか？」と声をかけられる。

ここシャウエンはモロッコ有数の大麻の生産地であり、地元の人に聞いたところ、大麻はリーフ山で栽培されるそうだ。欧米各国からそれ目当てのヒッピーも多く訪れるという。モロッコでもこのようなものに手を出して捕まれば重罪なので、無視するのが一番だろう。

街は坂道ばかりだが、メディナ内から街外れまで足が痛くなるほど歩き回った。地元の人は優しくノンビリしている。街全体が青に包まれた平和な場所なので、日本人に人気が急上昇しているのもわかる気がする。シャウエンは俺のように休むことが目的で訪れるのがいいだろう。

オンサー門まで歩くと、そこにはラウ川が流れ、少しお洒落なカフェがあったのでそこでコーヒータイム。川の流れを眺めているとモロッコにいることさえ忘れてしまう。

最初の予定では3日間、体をしっかり休めるつもりだったが、思っていたよりも街を見るのが楽しくて、毎日のように歩き回り逆に体力を消耗してしまったようである。また、ベルベル人と揉めたり、酒や食事も満足できなかったり、猫に悩まされたりと、ストレスを感じることもあった。

あまり休息もリラックスもできなかったし、『こんなはずじゃなかった』と思うものの、シャウエンは滞在しているだけで楽しいし、幻想的な街を体験できたので、俺は満足して街を去った。

時の流れを忘れてしまう街並みである。
気になった方は訪れてみてはいかがだろうか？

Travel No.06

【昔ながらの文化を残す】

風葬を行うトルニャン村

風葬の村に行ってみた

インドネシア・バリ島。

風光明媚な観光スポットとして人気のキンタマーニ高原。そこから車とボートを乗り継いで行くと、バリ島にヒンドゥー教が一般化する前のオリジナル文化を残す『風葬の村』トルニャン村がある。

風葬とは亡くなった人を土葬や火葬にせず、地面の上に寝かせておき、自然に任せて白骨化させるものだ。そんな村があるからには行かないわけにはいかないが、事前に情報を収集すると村人とのトラブルもあるらしく、あまりお勧めできないと言われていることがわかる。行き方が面倒なこととツアーが存在しないことからドライバー兼ガイドを雇うことを考

えた。バリ島で旅行会社を経営している日本人女性のアメちゃんという友人に相談すると、

「それだったら、うちの旦那に頼んであげますよ」

　と快く言ってくれた。

　アメちゃんと俺は、10年ぐらい前にネット関連の仕事で知り合い、それ以来親交がある。彼女は日本でバリ出身の男と知り合って結婚し、現在はバリ島に夫婦で戻り、旅行会社を経営している。

　旦那は40歳手前で、非常に濃い顔をしている。日本に長く住んでいたので日本語は堪能で、納豆が好物である。

　風葬の村は、地元でも評判が悪く、危ないかもしれないとのこと。夫婦で旅行会社をやっているとはいえ、そんな辺鄙な場所

ガイドをしてくれるアメちゃんの旦那さん。

には一度も行ったことがないという。情報もほとんどなかったので、俺がバリに到着する前に旦那が下調べをしてくれることになった。

バリ島・デンパサールに到着した翌日にアメちゃんと旦那と打ち合わせ。そして翌朝10時に旦那がホテルまで迎えにきてくれた。

ヤクザ風の男

バリはどんどん発展し、人口も車も増えているが道路は昔のままで狭いため、中心街を抜けるまで非常に時間がかかる。景色を見ると、のどかな田園が広がり、村外れには苦手な野良犬がたくさんいる。旦那も犬が苦手なようで2人で怯える。

旦那の運転で風葬の村に近づいていくが、不安で仕方がない。かつてこの村を訪れた人が大勢の村人に囲まれて、半ば脅される形で金を巻き上げられたり、村人の写真を撮っていたらしつこく「マネー、マネー」とつきまとわれたりしたようだ。旦那は言う。

「私も村には行ったことないけど、かなり閉鎖的なところで、ガイドでも『なに、外国人を連れてきてるんだよ』なんていちゃもんをつけられて、何も見ないうちに追い返されたりするらしいよ」

「取材したいんだけど、大丈夫かね？」

不安がっている俺を心配したのか、旦那が言う。

「大丈夫なんじゃないかな。昔と違って訪れる人も少しだけ増えているらしいからね」

出発して3時間でキンタマーニ高原の起点であるペネロカンに到着した。ここにはレストランや観光施設が整っていて、たくさんの観光バスが停まっている。キンタマーニ高原から見渡すバトゥル山とバトゥル湖は天気が良ければ素晴らしい景色だ。ここから湖に向かって道路を下るときに、原チャリに乗ったヤクザ風の2人組が俺たちの車に近づいてきた。車のナンバーを見て観光客を乗せているとわかり、寄ってきたのだろう。50歳ぐらいの男が運転席の旦那に顔を近づけて言う。

「トルニャン村に行くのか？」

「ああ、そうだ」

「俺がボート乗り場に連れていくからついてこい」

非常にガラが悪い。ここで旦那が毅然とした態度で「いや、結構だ。友人と約束しているボートに乗る」と言ってくれたらいいのに何も言わずに頷いて原チャリの後をついていく。不安そうに旦那が言う。

「ヤバイ、どうしよう。変なところに連れていかれるよ」

おいおい、頼りにならんな。

「たぶん、自分の知り合いのボートを使わせてボッタくるんだと思うよ。断った方がいいね」

「どうやって断ろうかな、困ったなぁ」

　車はどんどん下り、バトゥル湖が見えてきた。そこの対岸がトルニャン村である。俺たちは『原チャリ・ヤクザ』を無視してボートが停泊している小さな港の駐車場に車を停めた。するとすぐに貧しそうな格好をしているオバちゃんたちが近寄ってきて、ピーナッツや土産物品の押し売りをしてくる。俺たちが急ぎ足でボート会社の事務所に行くと『原チャリ・ヤクザ』もついてきて旦那に言う。

「なんだ、ここのボートに乗るのか？　うちのボートを使えよ」

「ここには知り合いがいて、彼と約束して

俺たちを先導する原チャリ・ヤクザ。

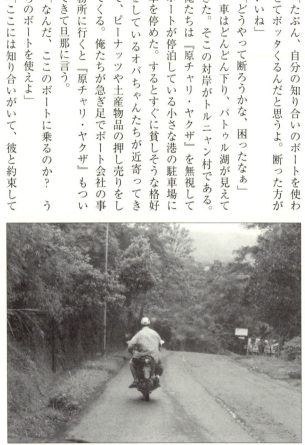

いるからダメだよ」

そう旦那が言い返すと意外にも大人しく引き下がっていった。

トルニャン村まではスピードボートで15分ほどかかる。人数が多いほど安くなるとのこと。ちょうど、ＪＩＣＡに勤めているというジャワ島出身の中年男性と、彼の愛人だと思われる若い女性も一緒に乗船することになり、１人15万ルピア（約１５００円）で乗ることができた。救命胴衣を着用してボートに向かおうとしていると、旦那が心配そうに言う。

「なんだか嫌な予感がするなあ」

駐車場の方に目をやると、先程のヤクザとその舎弟らしき若い男が、俺たちの車の近くにいた。ヤクザが旦那になにか言うと旦那は頷いた。すると舎弟が鞄から洗車の道具を取り出して車を洗い始めた。

旦那によると、彼らは地元のチンピラらしく、洗車の依頼を断ったら車にいたずらされる可能性が高いと言う。一種の〝保険〟なのだろう。

ヒンドゥー伝来前の文化

4～5世紀頃、バリ島にはジャワ島を経由してヒンドゥー教文化が入ってきた。それ以前にもバリ島住民は古くからの宗教を信仰していたが、新しく入ってきたヒンドゥー教と古くからの宗教が交じりあって現在のバリ・ヒンドゥーが生まれた。

しかし、ヒンドゥー教が伝わる以前の自然界や祖先を崇拝するアニミズムの考え方を守りながら暮らしている人たちが今も存在している。風葬の村であるトルニャン村もその1つで、他の地域から離れていることで独自の文化が守られたようだ。

ボートは凄い勢いでバトゥル湖を走り出した。みるみるうちにトルニャン村が近づいてくる。俺は事前情報を思い出して緊張する。人口約500人のトルニャン村は非常に閉鎖的で、外部の人に強い警戒心を抱いている。ガイドと一緒に村に入ろうとしても旅行者しか上陸させてもらえず、1人で入ると地元の人に囲まれて金を脅し取ら

ボートで走るとトルニャン村が近付いてくる。

れることもあるという。はたしてそれは本当なのだろうか？

そんなことを考えると不安になるが、風葬によって死者を弔う風習が行なわれている貴重な村なのである。それを見てみたいという好奇心が不安を打ち消す。

ボートが村に到着した。水辺では子どもたちが泳いだり体を洗っている。外部の人が珍しい地域は子どもたちが寄ってくるものだが、観光客馴れしているのか、はたまた嫌いなのか完全に俺たちを無視している。

村に降りて気づいたのが犬の多さだった。学校の校庭ほどの大きさの村なのだが、常に半径1メートル以内に犬がいるのだ。この犬密度の高さはなんなのだ。

「なんでこんなに犬がいるの？　怖いよ」

旦那も怖がっている。

到着したが犬が多すぎて恐ろしい。

村には地元の大学生たちがいてメモを取りながら村人に話を聞いている。まず俺たちは、プセリン・ジャガッ寺院を見る。ここではトルニャン村のご先祖様にあたるジャワの王様を祀っているようだ。だが、犬嫌いの俺と旦那は早く目的地である風葬の墓に行きたい。どうやらここから墓地までは再びボートに乗って向かうようである。ＪＩＣＡのオジサンと、その愛人も俺たちと同じ気持ちだったのでボート乗り場に戻ることにした。すると暇そうな村の若者が旦那になにか言い始めた。いちゃもんをつけられているのではないかと心配しながら見ていると、旦那は若者に金を渡した。

「どうしたの？」

「『村に入ったんだから入場料くれよ』って言われからあげたんだよ」

不良が『通行料』を取るようなものである。旦那にしてみれば金額も安いし（約20円）、トラブルになることを防ぐために渡したのだろう。

風葬の儀式

ボートはエンジンをかけ出発した。墓地は歩いていくことができない場所にあるらしく、同じ村なのにボートで向かう必要がある。

3分後、到着したようだが、墓地は、山の麓にわずか50坪ぐらいの広さしかないようだ。

そして意外なことにインドネシア人の観光客が20人ほどいるではないか。

聞くところによると、インドネシアの旅行番組やニュースでトルニャンが取り上げられ、最近では観光地と認められてきているようだ。

ボートを降りると入場料を払わないといけない。レシートがなく金額は失念したが、それほど高いものではなく、旦那に払ってもらう。昔は貧しい村人が金銭をせびってきたようだが、現在は堂々と入場料をとって村人に分配しているのだろう。インドネシア人観光客が記念撮影をしている。村人は閉鎖的で怖いという噂はどうなっているのだろう。

上陸して最初に目に留まったのがたくさんの人間の頭蓋骨である。40個ほどあり、

ボートが停まっているところが風葬の儀式をしている場所の入口になる。

山の斜面に150センチほどの高さに積み上げられている。この村には輪廻転生の考えがあり、置かれた頭蓋骨が新たな肉体を求めてさまようようだ。

「見てみて」

旦那が指を差す。

うん？　俺の目に白骨化している遺体が入ってきた。竹組みの茅《かや》が10個ほどあり、その中に何体かの遺体が入っている。死後2週間と説明されたものに目をやる。茅の隙間から見える顔は茶色で、皮膚からは骨も浮き出ている。剥き出しになった白い歯は非常に生々しく、体中にハエがたかっている。チベットなどで行われている鳥葬では鳥が遺体を食べてくれるが、ここでは虫が分解してくれる。茅の中には約3週間、骨になるまで放置されるようだ。怖いとい

並べられた頭蓋骨。

うより、遺体が放置されていることに奇妙な感覚を覚えた。

旦那も他の人も死臭は全然匂わないと言っていたが、鼻のイイ俺は死体特有の少し酸っぱい匂いを感じる。この周りに植えられているタムニャンと言われる木からはよい香りが発生し、遺体の死臭や腐敗臭をかき消すそうだ。

人にはそれぞれ人生があったわけだが、どんな人間でも死んだらこのようになってしまうのだ。火葬してしまえば目にすることができないそんな当たり前のことが目の前に存在していて、気持ちが圧倒されてしまう。

白骨化した骨は埋められることはなく、墓場の周囲に並べられるようだ。ヒン

この茅の中に遺体が寝かされている。

ドゥー教が広まる以前は火葬する風習がバリにはなかったことがわかる。

旦那は観光客のように喜び、記念撮影をしている。だが、『お前はガイドだろ』という俺の視線に気づいたのか、村人に質問を始めた。

遺体が寝かされているのは風通しのよい場所で、11体のみが入ることができるそうだ。そしてこの村では3つの葬式の種類がある。

1・天寿をまっとうした人
　ただし、傷があってはならない
2・病気や自殺で亡くなった人
3・赤ん坊や子ども

風葬が認められているのは1の人だけの

死臭をかき消すといわれるタムニャンの木。

ようで、2や3、その他の理由で亡くなった人は、また別の場所で土葬されるそうだ。

滞在した時間は短かったものの、とても印象深い場所だった。

少し前まで、村を訪れた観光客からの苦情が多く、バリ島の旅行会社はあまりトルニャン村への観光は勧めてこなかった。だが、トルニャン村にも多くの観光客に来てもらいたいという意図があって、現在はかなり治安が改善されている。その努力が続けばこれから新しい観光名所になっていくのかもしれない。

伝統の村の風習を残しながら、どのように観光と両立させていくか、これからも気になるところだ。

村人たち。今後、この場所はどのように変化していくのだろうか。

【謎の新国家を訪問】

21世紀最初の国・東ティモール

Travel No.07

バリ・デンパサールの空港

２００６年大晦日。

俺はインドネシア有数の観光地バリの空港にある喫煙所でタバコを吸っていた。

バリから東ティモールの首都・ディリまでは、メルパチ航空なる聞いたこともない航空会社でいくのだが、それが大幅に遅れている。

これから向う東ティモールの面積は約1万４９００平方キロメートルで、東京都、千葉、埼玉、神奈川の合計面積とほぼ同じ大きさがある。人口は約１２１万２０００人（２０１４年、世界銀行）で、２００２年5月にインドネシアから独立した21世紀最初の国として知られている。

現在の東ティモールは治安も安定し、２０１２年いっぱいで国連治安維持部隊も撤収して普通の国として歩き始めたようだが、俺が訪れた時期は治安維持部隊も大勢駐在していてテロなどの警戒にあたっていた。

乗車率わずか30％で、クーラーが効きすぎて冷凍庫のような寒さの機体からディリの空港に降り立ったのは予定到着時間を4時間も過ぎた頃だった。

工事現場にあるプレハブ小屋のような場所で30ドルを払い、ビザをパスポートに貼りつけてもらう。ビザは空港で取得可能で、出国時には出国利用税が10ドル必要だ。

ターンテーブルで荷物を受け取った俺はある日本人の中年男性が荷物を受け取るのを待っていた。彼は笹倉さんといって、バリの空港待合室で知り合ったのだ。眉毛がとても長く、ひょうひょうとした雰囲気の優しい人だ。

彼は日本政府の依頼で水道工事の仕事をしているのだが、ちょうど年末の休みにバリで休暇を楽しんでいたようだ。こんな場所で日本人に会えるなんて嬉しくて仕方がない。この国に関する情報がまったくなくて俺は非常に困っていたのだ。

笹倉さんがスーツケースを取って俺の方に向かってきた。

「嵐さん、行きましょう」

通常は空港に到着後、現地通貨に両替をするものだが、この国の通貨はＵＳドルだからその必要はない。同国内の銀行では日本円からの両替は難しいし、ＡＴＭも少ないのであらかじめドルを持ってきた方がいいだろう。

武装した兵士たち

空港を一歩出た俺は思わず、

「何ですか！　これ」

と大声を出していた。

ただならぬ空気が漂い、緊張感が走る。早くもここに来たことを後悔する。銃を持った兵士がたくさんいて、俺たちを品定めするようにジロジロ見ている。なんの情報も得られていないため、クーデターか、はたまたテロでも起こったのか、俺たちはしばらくそこを動けなかった。こういうときは嫌なことばかり考えてしまう。とりあえず、笹倉さんの記念写真を撮るフリをして兵士に向けてシャッターを切る。俺は兵士に尋ねてみることにした。肩にはマレーシアの国旗がついている。

「なぜこんなに兵士がいるのですか？」

兵士は淡々と答えてくれる。

「テロと暴動を警戒しているんだ。空港は真っ先に狙われるからね」

大勢の兵士たちは国連関係の所属らしく、これが混乱期の東ティモールの『通常警備』である。治安が安定した現在は兵士はいないか、いてもわずかということだ。

タクシー乗り場の場所を尋ね、その方向に目をやると、2人の白人がタクシーに乗り込むところだった。彼らをストリートチルドレンが7、8人で取り囲み、荷物を奪いにかかっている。

『マジか……』

助けようにもこちらも大きめのリュックとサブバッグを持っていて機敏に動くことができない。すると、その様子を見ていた兵士たちが大声を出しながら走り寄っていった。子どもたちはそれで散り散りになり、白人2人は無事にタクシーに乗り込むことができた。

次は俺たちが乗り込む番だが、一体どうなるのか。タクシーに向かうと、一度は兵士から逃げた子どもたちが群がってきた。

「ミスター、荷物！　荷物！　チップ！

空港を出ていきなり驚かされた。

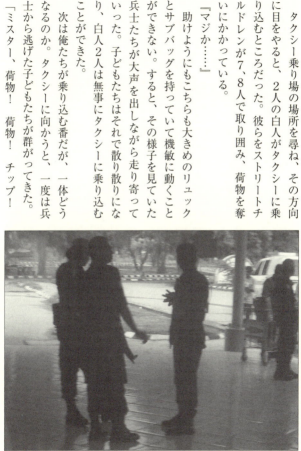

チップ！」

もしここでチップをあげようとすれば、財布ごと奪われてしまうだろう。俺は睨みながら手で追い払おうとした。

「あっち行け！」

しかし、1人が荷物につかみかかり奪おうとしている。

「このヤロー、あっち行け!!」

そう怒鳴ると少し怯んだが、今度は笹倉さんのスーツケースを奪いにかかった。

「行け！」

温厚そうな笹倉さんも怒鳴っている。

白人2人組のときのように兵士は助けてくれず、声を出して叫ぶだけだった。子どもたちの攻撃を避け続け、ようやくタクシーに乗り込むことができたがスタートからこれでは先が思いやられそうだ。

首都ディリを散策

空港からのタクシーは走り出した。窓の外には貧しいバラックの家が立ち並んでいる。一体この国はどうなっているのか？　期待と不安が入り混じる。

この東ティモールのあるティモール島は東西に分割されている。長くポルトガルの植民地だったので公用語は現地の人が話すテトゥン語とポルトガル語である。第二次大戦中には一時的に日本軍が占領していたこともあるようだ。１９７６年にはインドネシアが東ティモールを占領し、大勢の人が虐殺された。２００２年にインドネシアから独立して新たなスタートを切ったが混乱がずっと続き、国連警察や国際治安部隊が平和維持活動をしている。

到着したホテルは3階建てだった。どうやらここは、国連の関係者や兵士の常宿になっていて、パキスタン、マレーシア、ポルトガル人が主に泊まっていた。今日は12月31日のため宿泊客は少なく、旅行者らしき姿は皆無だ。

荷物を部屋に置き、笹倉さんに簡単な街の地図を書いてもらうとさっそく1人で散策してみることにした。その前に笹倉さんに治安について聞いてみると釘を刺すように言う。

「悪さするやつはいないよ。でも彼らはすぐに『カッ』となるし、何をするかわからないからケンカは絶対にしないでよ。危ないから」

外に出ると閑散としていて寂しい。ホテル前の道は舗装されているが一本それると雨が降れば泥だらけになりそうな未舗装道路だ。大通りに出てみるが車はほとんど走っていないし店も閉まっている。高い建物なども無い。

大通りをしばらく歩いていくと5人ぐらいの若者がたむろしていた。彼らは肌が浅黒く、髪の毛はチリチリである。もともと狩猟民族であるため目つきは鋭く、かなり怖い。おまけに体格もいいので襲われたらひとたまりもない。

1人の男が近づいてきて言う。

「花火を買わないか？」

なぜ、こんな場所で花火を買う必要があるのか。

後でわかったことだが、花火は年越しのときに盛大に騒ぐために使用するのだ。

「いらないよ」

俺は断って逃げるように歩き始めた。

人が少し増えてきたが、好奇心からか、俺のことをジロジロ見てきて居心地が悪い。更に進んでいくと人々がバーで酒を飲んでいる姿が目に入り、向こうから「どこから来た？」などとフレンドリーに話しかけてくれる。

しばらく街を散策し、帰りにスーパーを見つけたので買い物をしてホテルに戻ることにし

お世話になった笹倉さん。
ありがとうございました！

た。買い物をすませ、ホテルまであと5分というところまできた。すると前方から長い棒のような物を持った男が歩いてきた。一体これはどういうことなのだ!?　周りには人はいない。そして距離が縮まる。

『なんじゃアレ!!』

棒ではなくてクワではないか。過去に俺が訪れたどの国の首都でもクワを持って歩いている男は見たことがない。これは武器か、それとも農作業の帰りなのか。着いたばかりでこの国の現状がわからずに解釈が定まらずに焦る。

走って逃げたい衝動にも駆られるが、確かめたいので前に進む。だんだんと距離が近くなる。

男が目の前にきた。俺の心臓はバクバクしていたが、目を合わせると向こうが微笑

田舎町のような首都ディリの街並み。

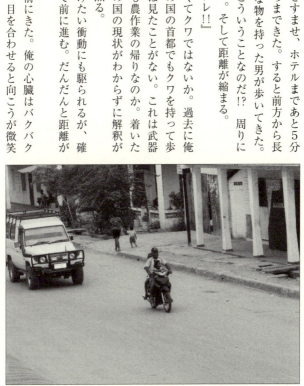

んでくれたのでそれを返す。結局何事もなくホテルに戻れたが、笹倉さんに開口一番そのことを尋ねると、ひょうひょうと答える。

「クワ？　ああ、ここの人たちは農作業に出かけるとき、クワ一本持って家から仕事場まで歩いていくんだよ」

東ティモールはなんだか面白そうな国のようである。

上の階級はポルトガル語を話す

東ティモールではポルトガル語がどの程度話されているのか。俺は渡航前から疑問に思っていた。これは俺なりに確かめなければならない。実は、俺はこの時期、毎年のようにブラジルに行っており、そのたびに2、3か月滞在していたのでポルトガル語に自信を持っていた。

バリの待合室でディリまでのフライトを待っていたときのことだ。東ティモール人と思われる中年夫婦に流暢な英語で話しかけられた。

俺が日本人でこれから東ティモールに行くと言うと婦人は答えた。

「私はこの前、仕事で日本に行ったわ」

「旅行ですか？」

「いや、アジア○×会議があって、東ティモールの代表団に同行したの」

彼女は東ティモールの上流階級で政府関係の仕事をしていて、東京、大阪、京都、広島などに滞在していたという。

これはさまざまな情報を持っていると思った俺はいろいろと質問をぶつけてみたが、どうもピントがズレている。彼女たちのような上流階級の人は貧しい国民のことや生活については無頓着というか無知でなにもわかってないのだ。これは発展途上国の上流階級には共通している。たとえば、宿泊先になるホテルについて意見を求めても高いところしか言ってこないし、俺が目星をつけていた宿も「あの周りは危険で良くないわ」とバッサリである。そもそも日本人が安宿に泊まるということを理解できないらしい。

ふと、この夫婦がポルトガル語で会話をしていることに気が付いた。俺はすかさずポルトガル語で話しかけてみる。日本人が話せるとは思っていなかったのだろう。夫婦は喜んでいる。

「東ティモールではポルトガル語が話されているんですか？」

そう聞くと、婦人は答える。

「上流階級では話されているけど、一般の人は地元のテトゥン語を話しているわよ」

重要な仕事の書類などはポルトガル語で表記されているのだが、ポルトガル語を話している層は国民のわずか４％にすぎないようだ。

ディリの街を散策してホテルに戻るとき、道端で若者たちが座り、ボケーっとしていた。何もすることがなく暇な様子だ。俺に視線を送ってくるので、

「ここで何をやってんの？」

と尋ねてみた。男は変な東洋人に話しかけられたと思ったのか、驚いた表情で答えた。

「いや、別にやることないし」

男の話す英語は聞き取りにくく、ポルトガル語を話すこともできないのでそれ以上会話は進まない。

「中国人か？」

男が聞くので、

「日本人で東京から来た」

と言うと嬉しそうな顔をした。

俺はなにか質問をしたかった。こういうときは一番わかりやすい質問がいい。

「テトゥン語でありがとうは何て言うの？」

「オブリガードだ」

「え？　オブリガード」

ポルトガル語と同じではないか。人間にとって非常に大切な言葉が外来語だとは驚いた。

ディリの銀座

1月2日になり、街は平常に戻り始める。

笹倉さんや、同じホテルに泊まっている駐在員の横田さんも仕事始めのようだ。笹倉さんが言う。

「嵐さん、ディリの銀座と呼ばれている場所があるので行ってみたらいいですよ」

彼らのオフィスもそこにあるそうなので、一緒に〝ディリの銀座〟と呼ばれる場所に行くことにした。午前中だというのに気温と湿度が非常に高く、汗が滴り落ちてくる。街の中心を歩いてみるが何もない。数軒の電気店が並んでいる〝電気街〟があり、金持ちそうな地元の人が商品を選んでいるだけだ。ちなみに一番人気は日本製だが、高いので韓国製が売れるのだという。

笹倉さんたちと別れて1人で街を歩く。国連軍の基地があり、脇道に入るとアフリカの村にあるような粗末な家が建っている。ある家の前を通ると、上半身裸の男2人が豚を引きずっている。豚はこれから殺される運命を知っているかのように必死の抵抗を試みる。それにしても暴れ方が尋常じゃない。男たちの犬が豚に咬みついた。すると豚は犬に咬みつき返し、犬が『キャン』と情けない声を出す。豚は遂に彼らの小屋に運び込まれたが声は響き渡っていた。

〝ディリの銀座〟から少し歩くと難民キャンプがあり、テントやプレハブ小屋が建ち並んでいる。すぐに切れてしまいそうな細いヒモに洗濯物が干されている。昼間の暑い時間帯だからなのか人が少なく殺風景である。野菜などが売られている店もあるが種類も数も少なく、売り子も、コールドゲーム負け寸前の監督のようにやる気がなく、寝ている者もいる。

キャンプを出ると東ティモールで最高級の『ティモール・ホテル』がある。ここは政府要人が宿泊する場所で、海外から招待されたVIPもここを利用するという。中に入ってみるが、一組の客しかいないレストランと、バー、カフェ、美容院などがあるものの、殺風景な印象だ。

そこから海岸線を歩いてみる。近くに『キウイ・アーミー』と書かれたニュージーランド軍の基地がある。ニュージーランドの特産フルーツ、キウイにちなみ、愛称で呼ばれているのだ。日本にもし置き換えると『サクラ・アーミー』『スシ・アーミー』『フジヤマ・アーミー』となるのだろうか。

ニュージーランド軍の兵士たちは海岸線を巡回している。年は皆若く、軍服がまったく似合っていない。肩からライフルをぶら下げている青年たちは白人、マオリ、東洋系がいる。彼らはとてもフレンドリーで目が合うと笑ってくれる。

海は綺麗だとは言えず、観光客も皆無だ。暑さで汗がクジラの潮吹きのように吹き出してきて立ち去りたくなったが、巡回している兵士たちは軍服を着ていて俺よりも暑いに違いない。現に彼らは皆、顔をシカメて苦しそうな表情を浮かべている。そう思うと俺も取材を頑張らないといけない。

浜辺の方に進むと水着姿の白人のグループがビールを飲んで楽しんでいる。それを羨むように現地の若者が眺めている。

魚が売られているマーケットがあるので覗いてみた。

マーケットといっても浜辺に適当な屋根をこしらえ、その下で魚を売っているだけだ。時折、水をかけているが、氷もなく、ましてや冷蔵庫などあるわけがない。この炎天下で魚はどうなってしまうのだろうか。魚を見ると変色していて何十匹ものハエがたかっていた。そして強烈な生臭さが漂っていた。

俺はその場を離れた。

笹倉さんが住むアイナロ近郊の風景。すごい場所に人が暮らしている。

東ティモールでの犯罪

その後、笹倉さんたちのオフィスに顔を出すと、駐在員の横田さんが興味深い話をする。

「そういえばディリに6年間住んでいて、中古車販売や整備の仕事をしている日本人がいるんですよ。なにか面白い話を聞けるかもしれませんよ。会いにいきますか？」

親切にも笹倉さんがAさんという日本人が経営している会社まで車で連れていってくれた。そこは日本のどの街にもありそうな整備工場で車が数台置かれていた。Aさんは突然の訪問にも快く話を聞かせてくれた。

Aさんの話によると会社で現地人を雇っているのだが、彼らはすぐに怠けるし、ゴミを平気でそのあたりに捨てるし、注意してもなぜ自分が怒られているのかもわからないという。日本人の感覚とはかなり違っている。

そしてAさんを悩ませているのは、従業員がすぐにキレてしまうことだ。彼らの考え方はすごく単純なようで以前、従業員が「車を使わせてくれ」と言ってきたのに対し、「会社のだからダメだ」と断ると、こう返してきた。

「じゃあ、ボスの車を使わせてくれ」

「ダメだ」

「どうしてだ！」

口喧嘩が始まってしまった。

完全に言いがかりなのだが、結局負けたのはAさんだ。これ以上従業員が興奮したら何をされるかわからないと判断し、どうにかなだめてその場を収めた。

「なぜ従業員に車を貸したくなかったんですか？」

俺が尋ねると、Aさんは弱り顔で答えた。

「貸したらそのまま戻ってこなかったり、部品がなくなっていたりしてロクなことがないんだ」

東ティモールで商売をやるのは大変らしい。


横田さんも車に関するトラブルに遭遇したらしいので話を聞いた。

2006年5月に国内の情勢が不安定になり、東ティモール在住の外国人は強制退去させられた。

数ヵ月後、東ティモールに戻ってきた横田さんは自分の車がなくなっていることに気付いた。警察に電話をするが、まったく機能しておらず、相手にもしてくれない。どうしたものかと考えていると1本の電話がかかってきた。

「お前の車を預かっている。返してほしければ3000ドル持ってこい」

横田さんにはすぐに犯人がわかってしまった。以前雇っていたドライバーだったのだ。普通、こんな電話をかける場合、仲間にかけさせたり、声を変えたりするものだが、『そのままの声』だったのだ。横田さんは冷静になって犯人に提案をしてみることにした。

「それでは高い。1000ドルにしてくれないか？」

犯人はすぐに答える。

「わかった。1000ドルでいいよ」

横田さんは愚かなやつだと思いながら更に聞く。

「金が揃ったら連絡したいので住所と電話番号を教えてくれないか」

こんなことを言われたら断固として拒否するのが普通だが、犯人は正直に伝えてきた。横田さんは一応メモをしたが虚しくなる一方だった。警察に届けても動いてくれないし、訴えれば絶対に勝つが金と時間がかかるし、第一に相手は金を持っていないのだ。

横田さんはその後、なんの連絡もせずに放置していた。

ある日、会社に向かうと自分の車が停まっていた。元運転手は右に傾けて停める癖があったのだがまったく同じ状態だった。

とりあえずほっとしたが中を見ると部品が盗られていて、ひどい異臭がした。おそらく元運転手が寝泊まりしていたのだろう。結局、横田さんは車が使いものにならないと判断して処分した。更に彼を驚かせたのは、元運転手からその後、電話がかかってきたことだ。

「車が戻ってきたらしいね。俺のことをまた雇ってくれないか？」

横田さんに街の治安について尋ねてみた。

「彼らはまだ未熟で、頭を使った犯罪ができないんですよ。私が車を盗まれた件もそうですが、単純に盗むだけでその後どうしていいかわからなかったりするんです。このように犯罪の知識があまりないので治安はそれほど悪くないですね」

東ティモール旅の現状

俺が訪れてから早いもので8年が経過したが、現在は旅行者のブログなどで現地の情報が書かれるようになった。街の様子を見るとかなりきれいになり、当時からの変化を知ることができる。

とはいえ東ティモールに行く旅行者は相変わらず少ない。オススメか？　と尋ねられたら、俺も否定的な答えしか出さないと思うが、『なにもない場所が好き』『観光客が全然行かないところに行きたい』と言う人にはもってこいだろう。

そんな人に東ティモール旅行の注意点を書くので参考にしてほしい。

1・物価が高い

ビザなどなくして外国人旅行者を増やした方がいいと思うのだが空港で30ドル徴収される。宿や移動、食事にいたるまでなんでも高く、国のレベルに見合っていない。100ドル持っていてもすぐになくなってしまうと最近訪れた旅人は嘆いていた。

食料やビールなどはインドネシアから輸入している上、国連関係者がたくさん金を使うので物価が上がってしまうのだろう。国民の平均月収が100ドルと言われているのに生活がちゃんとできるのか余計な心配をしてしまう。

2・宿のレベルが低い

40〜50ドルのホテルは東南アジアであればかなりのハイレベルである。だがこの国のそれは電気が不安定だったり、ホットシャワーがないところが多い。食事もある程度高級なレストランに行かなければ満足できるものはない。

3・観光するものが特になし

山と海はあるのだが、旅行者は退屈だ。ギャラリーも博物館もなく、スーパーに行ってこの国オリジナルの商品を見たくてもインドネシア製ばかり。街並みもバラックが立ち並んでいるだけだ。

4・情報不足

最近は改善されつつあるが、それでも圧倒的に情報が乏しく、国や街の状況がよくわからない。情報がないところを開拓するのも旅の楽しみの1つと言えばそうだが、大概の旅行者はそうではない。「安心した情報」がほしいのだ。

ガイドブックやネットで事前に調べても、宿の場所や値段、バスの時刻表やイベント関連のことなど現地に行かなければわからないことばかりだ。時間がありあまっているバックパッカーか、金を持っていて200～300ドルのガイド付きツアーを頼める層でないと楽しめないだろう。

マイナス面ばかり書いてしまったが、東ティモールはこれから発展する「可能性」のある国だということは言えるし、海外に行き飽きた人たちにとっては刺激的な国かもしれない。

【光と影を巡る旅】

ジャカルタのスラムツアー

Travel No.08

経済発展の裏で

俺の友人、タコラさんがインドネシアのジャカルタに住んでいる。彼は実業家として活躍していて『義士庵』というポッドキャストも配信している。

俺がタコラさんのところに行きたいと告げると、快くこんな返事があった。

「ぜひ来てください。家に泊まってもらって構わないですし、NGOがスラムツアーなるものを50ドルでやっているので一緒に行きましょう」

ジャカルタはインドネシアの首都で、人口1010万人の大都市だ。

現在は著しい経済発展を遂げ、高層ビルが乱立し、ショッピングセンターも次々に建てられている。中産階級が多くなり、毎年大富豪も誕生する。しかし、急速な経済発展を遂げた国や都市の裏に必ず存在するのが「スラム」だ。俺はこれまでにアジア、アフリカ、中南米などの20ヶ所近いスラムを回ってきたが、ジャカルタのスラムがどのような姿に広がっているのかに興味を持った。

2013年、スカルノ・ハッタ国際空港を出ると、タコラさんが笑顔で迎えてくれた。タコラさんの車に乗り込むと、インドネシア人の運転手が俺に挨拶をしてくれる。こちらで働いている日本人ビジネスマンが運転手を雇うのは普通のようである。

30分後、車はタコラさんのマンションの駐車場に到着した。セキュリティは万全で、プール、ジム、マッサージ、コンビニなどなんでも揃っている。この日は移動で疲れているのでスラムツアーは翌日参加する予定だ。

スラムツアー

翌朝、タコラさんのマンション近くのホテル前でスラムツアーのスタッフと待ち合わせをしていた。世界中のスラムを訪ねたことがある俺は他の国のものとどう違うのかを確認しようと思っているが、タコラさんは初めて行くスラムにワクワクしているようだ。

しかし、ツアーのスタッフがいつまで経っても来ない。9時に待ち合わせのはずが、15分過ぎてもやってこない。俺はこのようなシチュエーションには慣れているがタコラさんはイライラしている。タバコを吸ったり、トイレで用を足したりしていたが、全然やってくる気配がない。時刻は9時35分。

「あと10分待ってこなかったら帰りましょう」

タコラさんが怒ったように言う。

怒るのも当然で、遅れるのならタコラさんの携帯に連絡を入れてもよさそうなものである。すると手に紙を持った小太りの白人女性がこちらに向かってきた。

「あなたたち、ツアーの人？」

「そんなことより、なんでこんなに遅れたの？」

タコラさんが尋ねると、女性は弱り顔を作って言った。

「ごめんなさい。バスが渋滞で全然動かなかったの」

ジャカルタ〝名物〟の交通渋滞のせいにしている。確かにこの街の渋滞は常識を逸している。それを解決するために電車や、専用車線を走る『バスウェイ』も通るようになったが、スムーズな移動には程遠い状態だ。

それを避けるためにタコラさんは通勤の際、朝6時に家を出る。帰りも早めに会社を出るが、ひどいときは通常1時間で帰宅できる道のりを3時間もかかってしまう。更にジャカルタの規則で夕方の時間帯は3人以上乗車させないといけないのがやっかいだ。いつも運転手とタコラさんだけなのであと1人足りない。どうするか？　同乗することが専門の人がいて、道端でヒッチハイクのように待っている。1人ピックアップして帰宅するわけだが、その連中が強盗に早変わりする危険性もある。そのため、タコラさんはなるべく女性や弱そうな人を選んで毎日乗せているようだ。

話が脱線してしまったが、俺たちは女性が渡してきた用紙に名前などを記入した。これでスラムツアーが始まるかと思いきや、こんなことを言う。

「私はこれからオフィスに戻るの。もうすぐガイドがくるのでそれまで待っていてください」

オイオイ、まだ待つのかよ。

女性が去ってから20分後、ようやくガイドが来たと思ったら、白髪の長髪にやたらと目のギラギラとした仙人のような男だ。この男で大丈夫なのかと心配になる。9時スタートのはずが1時間20分の遅れだ。『仙人』は決まり文句のように「交通渋滞にハマった」と言う。

俺たちは簡単な自己紹介をして歩き始める。車で移動だと思っていたが、そうではないらしい。とりあえずバスウェイで移動するようである。その間に『仙人』がジャカルタの歴史などを説明するがすでに知っていることなので聞き流していた。

バスウェイに乗ってしばらく走ると、乗換駅があり、他のツアー参加者がいた。白人男性3人、中国系アメリカ人女性、インドネシア人女性の計5人が加わった。もう1人、芸能人のきたろうのような中年男性がいたが、『きたろう』は『仙人』をサポートするガイドのようだ。

スラムツアーと堂々と謳っているのだからすぐにスラムに行くと思っていたが最初に向かったのはイスティクラル・モスク。

インドネシアは2億人を超える世界最大のムスリム人口を抱えている。このモスクは17年の歳月をかけて造られ、1978年に完成した直径45メートルのドーム型の建物で、東南アジア最大級だ。モスクの中では大勢の人がお祈りをしている。ひと通り中を見ると、ファタヒラ広場に移動して観光客が集まるレストランで昼食を食べる。

「いいかげんにスラムに行きたいですね」

呆れたようにタコラさんが言う。

本当にその通りである。午前中が全部スラム以外の観光に使われているではないか。

オート三輪車のパジャイに分乗して次に向かったのは、汚い川にかかる跳ね橋である。ここに最初に橋が架けられたのはオランダ植民地時代の1628年で、現在の形になったのは1938年だという。橋に隣接している地区はスラムのような雰囲気なのでそこに立ち寄ればいいのに、次に移動した場所は、船着き場。

「この船は海まで出て漁をする。これは中国の船だ」

『仙人』が言い、俺たちは乗船し、船の説明を受けるはめに。まったくスラムに行かないじゃないか。近くに『きたろう』がいたので抗議をした。

「スラムに早く行かせてくれよ。こういう場所はいらないよ」

すると『きたろう』はぼそっと答えた。
「次がそうだ」

ようやくスラムに

スラムは大通りの奥まった場所にあった。

入口にはパジャイと車が停まっている。観光客も訪れる場所なのか、白人旅行者の姿も見られる。小さな雑貨店やバーが立ち並び、俺たちはその脇を歩いて中に入っていく。人々はフレンドリーに笑顔で接してきて、『仙人』や『きたろう』は住民と顔見知りなのか、楽しそうに世間話をしている。

共同のトイレが所々にあり、水場も多いようだ。スラムの中には売店などもあり、

スラムの入口。活気があって怖い雰囲気はない。

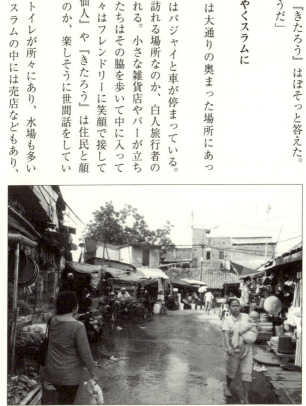

俺が今まで見てきたインドやアフリカのスラムと比べると非常に衛生的である。一軒の家の中に入るとテレビやステレオもあった。『きたろう』に通訳をしてもらい住民の職業を聞いてもらうが、タクシー運転手、パジャイの運転手、屋台、ウエイター、職人、中には会社勤めの人もいる。

ジャカルタのスラムで嬉しいのは野良犬がいないことだ。イスラム教では犬は不浄の物とされていて、殺処分される。インドやタイのスラムでは野良犬に吠えられ、怯えた記憶があるのでその点は助かる。

このスラムには可愛らしい10代の女の子も多く、フレンドリーに話しかけてくる。ちなみにスラムの裏側には低所得者専用の風俗街がたくさん立ち並んでいる。ジャカルタの風俗に詳しいタコラさんはしんみりと言う。

「見事なシステムができあがっていますね。このスラムである年齢に達した女の子は必然的に裏手の風俗で働くことになるんです」

このスラムを出て、パジャイに乗り込んで走り出したが、蒸し暑さと排ガスで気分が悪くて仕方がない。15分後、流れの速い川に到着。そこから渡し舟で対岸にあるスラムに渡った。

川は汚いが子どもたちは楽しそうに泳いでいる。流れが速いので遠くまで流されてしまうのだが、岸に戻ると、再びもといた場所まで走っていってダイブしている。川では洗濯している人や水浴びをしている人も多い。大雨が降るとこのスラムは大変なことになるのではないかと危惧していたら、『きたろう』が説明してくれた。

「何年も前にここは大洪水に襲われて、こんなところまで水が来たんだよ」

　壁を指差すと、そこには水が到達した箇所に印がつけられていた。

　スラムの中に入ると、子どもたちが大勢寄ってきて『写真撮って』攻撃である。かなり観光客慣れしている様子で、スラムの雰囲気も平和でギスギスしたところがない。川沿いにあるこの大きなスラムはNGO関係やキリスト教の団体などが支援していて、スラムというよりは『貧しい地区』なのだ。俺は青年に「ここでの暮らしはどう？」と聞いてみた。

「なんでも揃っているし、変な犯罪もないし、楽しいですよ」

水辺に広がっているスラム。

「ジャカルタのスラムはどこもこんな感じなの？」

「ここのスラムはいたって平和だよ。だけど、何ヶ所か、僕でも入るのが怖い場所があるよ」

その後、向かったのは青年が言っていた『怖い場所』のようだった。夕方になり、周囲は薄暗くなってきている。

街の中心地にある橋までパジャイで移動し、降りると、さっそく子どもたちがやってきた。彼らは笑顔を浮かべているが、これまでに回った2つのスラムと違い、服がボロボロである。顔も手もかなり汚れている。大人は少ないが、2人の青年が気に入らない者に向けるような、鋭い眼差しでこちらをうかがっているのが気になる。

ゴミの多い場所で生活をしている。

俺たちは橋の下に降りていくが、電気が通っていないため、薄暗くて周囲がよく見えない。このスラムは先ほどまでの場所と違い、かなり貧しいことがわかる。全体的にピリピリとした緊張感が漂っている。

奥に進んでいくが、急速に暗くなり、近くのものしか見えない状態だ。『仙人』が一軒の家をノックして家主に頼み、中を見せてもらうがほとんどものが置かれておらず、なんとも言えない生臭い匂いが漂っている。ここのスラム住人が外部からきた人間たちを歓迎していないことは確かで、不機嫌そうな顔で睨んできたり、『撮影するな』と注意をしてくる。すぐ近くを見上げれば高層ビルが立ち並んでいるにもかかわらず、この一帯だけ成長から取り残されている集落のようだ。

睨みをきかせてくる住人たち。マリファナを巻いているような仕草をしている。

ここで終わりかと思ったら、もう一箇所に向かうという。すっかり暗くなってしまったし、こんな時間にスラムを訪れて平気なのだろうか。

殺伐としたスラム

俺たちは電車で数駅の場所で降りた。そこから線路沿いに進んでいくが、変な雰囲気が漂っている。住民は好意的ではなく、挨拶をしても完全に無視をするし、俺たちを観察するような眼差しを浴びせてくる。街灯はついているものの、電力が足りないのか光量が乏しい。

線路の右側にはコンクリート造りの簡素な家が並んでいる。驚いたことは大きな野良犬がたくさん歩いていることだ。前述し

高台からスラムを望む。そして最後のスラムに向かうことに。

たが、ジャカルタの市街地で野良犬を見ることはほとんどない。こんなにも生息していたのか。

ジャカルタで野良犬がいる地区。それだけでも政府や市から見放された場所のような気がする。敵愾心を隠そうともせず睨みつけてくる人たちもいて、今回のツアーで初めて危険を感じる。ツアー一行は9人いる。それでも心細くなってくる。もちろんカメラを出せる雰囲気ではなく、自然と俺たちは固まって歩く。タコラさんも何かを感じたらしく声を潜めながら言う。

「先程までの場所と違ってここはヤバイですね」

線路を越えて奥に進んでみることにした。線路の脇にはテントや木で作られた即席の家があり、住民はその前で火を焚き、その上に直接フライパンを乗せて調理をしている。暗いので近くに寄ろうとすると、何か叫んでくる。住民たちは俺たちが来ることが迷惑のようで『仙人』のところにやってきて口々に言う。

「また来たのか！」

「写真は撮るな！」

「早く帰れ！」

『きたろう』によると、このスラムはかなり特殊で、ＮＧＯやキリスト教関係者が立ち寄っても支援を拒否しているようだ。住民にインタビューをしたかったのだが、すべて拒否である。

ここは今回訪ねた中では最もすたれ、危険を感じる場所だったのだが、俺は『仙人』に注文をつけた。

「どうしてここに午前中に連れてこないんですか？」

すると仙人は少し困った顔で言った。

「非常に複雑な問題があってね。住民がうるさくて、暗くなってからの短時間しか無理なんだよ」

『きたろう』が補足する。

「過去に、住民と我々ツアーの人たちの間でトラブルがあったので、ツアー終盤にそれを組み入れるようにして、なるべく住民を刺激しないように気をつかっているんだ」

貧しいながらも一生懸命に生きている人

線路脇に広がるスラム。殺伐とした雰囲気が漂っていた。

たちの住む場所に、俺たちが勝手に『見学』に来ていることが悪いのはわかっている。だが、俺は住民と少し話をして、写真を撮りたくなった。

1人でテントに向かって歩いていくが、ゴミが散乱していて通りにくい。テント前では50歳くらいの髭が伸びた男が薪の火で鍋をかけている。近づいてきた俺に気付くと、男はじっとこちらに視線を向ける。俺が笑顔で向かっていくと、男は手で『あっちに行け』と、犬を追っ払うような仕草をする。これ以上、相手を刺激させたくはない。

仕方なく俺は仲間たちがいる場所に戻ろうとすると……え、皆、どこにもいない。そして、先程まで皆が集まっていた場所には大きな野良犬が3匹いて、俺を『見学』していたのだ。

Travel No.09

【スペインの飛び地を訪ねる】

モロッコ内のスペイン領メリリャ

国の中に国がある

モロッコのフェズ駅を10時に発った列車は、ゆっくりと走り出した。

車内はコンパートメント・タイプで同乗者は太ったオバちゃんが1人だけだ。

モロッコの国内移動は飛行機、バスの他に列車も通っていて便利である。

フェズには4日間滞在したが、俺が訪れた2月は寒く、噂通りの鬱陶しい呼び込みに辟易し、街も好きになれず、楽しいこともなかったので、ナドールに移動できるのが嬉しい。

途中、タウリルト駅で乗り換えがあったが、車内は退屈で1人旅の孤独さを味わう。時折、地元の人が話しかけてくるものの、モロッコではアラビア語か、第二外国語のフランス語しか通じないので、すぐに会話が止まってしまうのは悲しいものだ。

観光名所もないナドールになぜ行くかというと、そこから13キロ離れた場所に、モロッコ内にあるスペイン領『メリリャ』という街があり、そこに訪れるために立ち寄る必要があるからだ。

メリリャは人口約8万人の街で、歴史は古く、紀元前にフェニキア人に興された。歴史から一時姿を消したこともあるが、9世紀にはイスラム教徒にメリリャと名付けられた。1497年にカスティリャ王国に併合されて以来スペイン領だが人口の半分はモロッコ人のようだ。

モロッコ国内にスペイン領があるなんて、一体どんな場所か単純に興味がある。国の中に他の国がある？　すぐ思いつくのは南アフリカの中にポツンと豆のようにあるレソトという国だが、島国の日本人としてはピンとこない。

せっかくモロッコから行くのだから、国境の様子も見てみたかったし、メリリャはどんな街か興味があったのでぜひ、行ってみたかった。

スリ団に攻撃される

夕方、ナドールのホテルにチェックインした俺は街を歩き始めた。この街はスペイン国境に近いので、スペイン語が通じるという情報があったのだが、まったく通じない。観光客を目にすることはないし、東洋人すら俺1人しかいない状態だ。

昔のモロッコの名残がある街並みはそれなりにいいのだが、観光客がいないため俺自身が宇宙人扱いになり、ジロジロと見られて居心地が悪い。

空腹で入ったレストランでは注文するのも苦労し、酒があると思いきや宗教上、置いておらず、食後、目の前にある雑貨屋に入れば、店番の悪ガキが万引き犯でも見つけるような眼差しで俺を睨む。こっちが笑いかけても無表情。頭に来て仕方がないので、店を出て、隣の雑貨店で買い物をした。

モロッコは、エジプト、インドとともに、『世界三大ウザイ国』と、旅人の間で語り継がれている。その噂通り、モロッコ人はウザい人が多いが、悪質な犯罪はないと思っていた。特にナドールは、治安も悪くなさそうなので安心していたのだが、俺は事件に遭遇してしまった。

次の目的地に向かうバスが朝8時50分にナドールのバスターミナルに到着した。バスは50人乗りぐらいの大きさで、俺が乗り込むと先客が3人いた。チケットの書かれている座席番号には「3A」と記入されている。俺の席はどこだろう？　座席の上に書かれている番号が読み取りにくく、探していると、60歳ぐらいの男がスペイン語で話しかけてきた。

「君の席はどこだ？　見せてみな」

そう言って親切に助けてくれる。

「君の席はここだよ、たぶん」

男は前から2列目の座席をポンポンと叩きながら言う。俺がそこに向かうと前方からこれまた60歳ぐらいの男が（紛らわしいので、最初に声をかけてきた男を『1号』、この人を『2号』にする）やってきた。

年配の人に通路を譲らないといけないと思い、俺は空いている席の方にずれて通してあげようとした。普通だったら『2号』はそのまま通過するものだが、俺に体を密着させながら席を探している。

『1号』が俺に言う。

「こっちじゃないのかい！」

俺が言われた通りに後方に向かうと、俺の横に立っていた『2号』が俺に覆いかぶさるように席を探し、『2号』を払いのけると今度は別の60代『3号』が進行方向からやってきて俺にピッタリとくっついてくる。俺はこのときまで何も感じていなかった。年配の人が俺と同じように座席番号がよくわからないのだと思っていたのだ。

『1号』の教えてくれた場所に行ってみるが、俺の番号が書かれていない。なんだか変なオヤジだなと思いながらも、そもそも番号が「3A」なのだから前の方だろうと移動しようとすると、『2号』がまた痛いくらいにピッタリと張りついて俺と交差する。俺は空いている席に移動して『2号』を通す。俺は前の方に行き、番号を調べるが、番号がめちゃくちゃに振られていたり、破損していてわからなかったりするのだ。自由席なのではないかと考え、再び後方に移動しようとすると、またもや『2号』が俺と交差するように……って、怪しいじゃねえか！　更に『1号』がスペイン語で何かを言いながら後方からピッタリとくっついてきた。

『スリだ！』

俺は咄嗟に右後ろポケットを確かめる。実はこのようなことも想定しており、貴重品はすべて腹巻型の貴重品袋に入れていて、財布の入っているポケットのボタンも力を入れないと外れないようにしている。

右手でポケットを確認すると、ボタンは外されていたが財布はまだある。

『この野郎！』

俺が睨もうとして振り向くと、『1号』は目線を逸しながらス～ッと幽霊のように行ってしまった。残りの『2号』『3号』もいつの間にかいない。ポケットをよく確認してみると、財布は大丈夫で、その他の被害もない。きっと俺が右手で財布をチェックしたのに気が付いて退散したのだろう。

俺は席について出発を待っていた。今起こったことが夢のようで信じられない。一瞬のことだったし、実際に、車内で席を探しているときに親切な人に助けてもらうことは多々あるのだ。

俺は移動のときは常に警戒モードなので、切り抜けられたが、気を緩めていたら確実にやられていただろう。

少し時間が経つと、もしかして俺の思い過ごしで、3人組は飲み物などを買って戻ってくるかもしれないと思うようにもなってきた。本当はスリ団ではなくイイ人なのかもしれない、と、一縷の望みを抱いていたが、3人を乗せることなくバスは出発した。

出国審査でつまずく

ナドールの街からローカルバスでベニ・エンサールという街に移動した。降りた場所からは国境が見え、車が長蛇の列で順番待ちをしている。それはどこの国境でも見られる風景で、活気があり、レストランや両替所が並んでいて人も多い。国境越えは簡単だと聞いていたので俺は早くもメリリャに着いてからのことを考え始めていた。

出国ゲートには人がたくさんいるが、スイスイとモロッコ人が通過していく。俺もその後を追うように歩いていくとモロッコの警備兵にパスポートの提示を求められた。フレンドリーな男は、パスポートをめくりながら言う。

「モロッコの出国スタンプがないよ」

「え、どこで押せるんですか?」

「出国ゲートの近くに小さなブースがあるので、ここから戻らないとダメだよ」

来た道を戻り、出国審査の窓口を見つけると若いモロッコ人の男が近づいてきた。

「俺が代わりに出国カード書いてやるよ」

彼はそれで金を稼いでいるのだが、こんな場所にこういう連中が入ってきていいのだろうか。俺の隣にいるスペイン人のカップルは『代筆屋』に頼んでいるようでそれが終わると金を払っている。

俺は出国カードを取ろうとしたが、どこにもない。俺の前に並んでいる男に尋ねると、出入国管理室なる場所に取りにいかなければならないようだ。そこまで出向き、態度のやたら悪い係官に説明すると、不機嫌な態度でカードを渡される。そしてその場で記入していると、

「ここで書くな！　あっちに行け！」

と野良犬を追っ払うように言われる。仕方なく狭いブースの前で記入して提出すると、係官はやたらと時間をかけている。泊まっているホテルを尋ねられたのでホテルカードを見せるが、やけにモタモタしているのだ。

「あなたの職業だけど、ライターってなに？」

俺は世界中で出入国をしてきたが、『ライター』と書いて問題になったことはない。イスラエルやジンバブエなど、そのように記入すると面倒くさい場所は『会社員』などと書くようにしているが、ここでは問題にならないはずだ。

俺は仕事の内容と、日帰りでメリリャに行くだけだと説明した。これで終わりかと思ったが、上司のような人に相談している。俺の後ろには3人が待っていて、イライラしているのがわかり申し訳なくなってくるが、そもそも出国ブースは何か所もあるのに開いているのがここだけなのが原因である。

上司が前のめりになって言う。

「新聞記者なのか？」

「いや、違う。本を書いたり、雑誌やネット記事など、フリーでやっているんですよ」

上司は首を傾げる。どうも彼らはライターという職業が今1つわかっていないようで、「ライター＝新聞記者」と解釈しているようだ。『この男は新聞記者じゃないと言っているし、更にフリーとはなんやら？』のようである。

それから5分ほど質問されたが、どうにかスタンプをもらって、先程の道を進む。さっき俺に注意した兵士が笑顔で迎えてくれてパスポートをチェックすると、

「ウエルカム・モロッコ」

「………」

ようこそって、そもそもモロッコを出国するんだから違うだろ、と突っ込みを入れたくなったが、俺は笑顔で返した。

スペインに入国

スペイン領内まで歩いていき、入国審査をしたが、係官はフレンドリーに片言の日本語で話しかけてきて質問も一切なく終わる。

ゲートを出ると、そこはモロッコ人だらけであった。商売をしている人が多いようで、段ボールや鞄に大量の荷物が入っている。メリリャはスペイン本国から離れているため、食料や衣料品はモロッコに依存している。なんだかまだモロッコにいるようだったので、街の中心に移動することにした。バスに乗り込んでユーロでバス代を払う。ふと車内にある時計に目をやると、うん？　そうだった、モロッコとスペインは時差が1時間あり、時計を進めなければいけないのだ。

バスは出発し、景色を見ていたが、ごく普通のヨーロッパの小綺麗な街である。モロッコの街並に飽きていたので少し新鮮に感じたが、数分眺めていたら次第に飽きてきた。

街の中心にあるスペイン広場から2ブロックほど外れた場所で降りて、歩き始めた。まず目に入ったのはスペインの女性である。彼女たちは白人、ラテン、混血系がいるが、いちょうに可愛く、ミニスカートを穿いている人もいるので少し興奮を覚える。モロッコでは女性が肌を露出していることはなく、そのような感情になることは皆無だった。

更にバーも当たり前のようにあり、オープン・カフェではビールを飲んでいる姿が見える。

ちなみにモロッコのカフェでは、オジサンがコーヒーを飲んでいるだけである。あ〜、スペインはいいなと感じる。

街は要塞シウダデーラに囲まれた旧市街と新市街に分かれている。犬を連れて散歩している人も多く、犬を不浄の動物と考えるモロッコでは考えられない光景だ。日本で生活していると当たり前のものでも、モロッコから入ると気付かされることが多い。街の光景は平和なヨーロッパそのもので、鬱陶しい連中は皆無である。

俺が歩き始めた新市街は、19世紀末に建設が始まり、アントニオ・ガウディの支持者の建築家、エンリケ・ニエトによって設計された。なかなかお洒落な街だが、しばらくすると退屈になってきた。特に何もないのだ。

メリリャは完全にヨーロッパの街並みである。

旧市街に足を延ばすと、崖から見えるビーチは綺麗だった。崖の対面には高級マンションが建ち並び、上流階級の住人が散歩などをしていて、いたって平和に感じる。

最初、この街を観光することに決めたとき、1泊しようと考えていたのだが、日帰りでよかったと思った。

モロッコのテイストが少し入ったヨーロッパの街という印象を受けるだけで、それ以上でも以下でもない。俺は早々にモロッコに戻ることにした。

メリリャを訪問するのに、わざわざナドールまで来て、国境を越えてきたわけで、少し損をしたような気分になったが、来なければそれもわからなかったし、スペインの雰囲気を味わえただけでヨシとしよう。

再びバスに乗ってベニ・エンサールに行

シウダデーラからの海は美しい。

く。スペイン側からモロッコに行く場合、出国審査はなし。荷物を大量に持った人がスペイン側の税関に捕まっていたり、荷物を調べられている。そんな光景を尻目に俺は進む。すると、背の小さなモロッコ人が英語とスペイン語を混ぜて話しかけてきた。

「モロッコ側の入国審査を代筆してあげるよ」

こういう男に頼むとどうなるのか興味がわいた。男にパスポートを渡すと、凄まじい勢いで記入して入国審査まで連れていってくれる。

さて、ここでこの男にチップを払わないといけない。ディルハムは細かいものがなく、ユーロのコインをポケットから出して渡した。すると男は大喜びで「ありがとう」と何度も言ってくる。チップをあげただけなのにやけに喜ぶなと思い、彼の手に持っているコインに目をやると、それは2ユーロだった。俺は1ユーロ硬貨を渡したつもりだったのだが、ユーロを使い慣れていなくて間違えてしまった。

返してくれとも言えずにそのまま男は笑顔を見せながら帰っていった。すんだことは仕方ないので入国審査の窓口に行くが、再び時間がかかる。根掘り葉掘りしつこい質問の後、係官が言う。

「職業の、ライターってなんだ？」

またもや『職業・ライター』についての質問攻めである。モロッコに入るのになぜこんなに面倒なのだ？　少し前までフェリーで出国する日本人は出国時にいちゃもんをつけられ出国拒否をくらい、日本大使館に直接電話して助けを求めることがあるという話は聞いていたが、ここでの国境トラブルは耳にしたことがなかった。

ライターだから話がややこしくなるんだなと思い、「ジャーナリストだよ」と言う。これで納得すると思いきや、

「じゃあ、新聞記者だね。会社はどこだ？」

「フリーランスだから、会社はないんだ」

「なんでだ？」

噛み合わない会話が続く。そして、メガネをかけた上司のような男がやってきて質問攻め。挙句の果てに、行きに不快な思いをした出入国管理室に連れていかれることになった。なんだか嫌な予感がする。

「一体、これはどういうことなんですか！」

俺が抗議をすると、係官が説明してくれたが、どうやら最近、中国人の犯罪グループが日本の偽装パスポートを持って犯罪を起こしたり、スパイとして入ってくるらしく、俺のような職業の者がターゲットになって調べられているようだ。

俺は6畳ぐらいの部屋に通され、椅子に座らされたが不安で仕方がない。一体どうなってしまうのか。これがもし空港なら日本への強制送還を考えてしまうが、ここではそれはないだろう。荷物もナドールのホテルにあるわけだし、『まさか留置所？』など、よからぬこと

ばかり考えるようになる。

　5分ぐらい待っていると、若い係官と中年の男が入ってきた。俺は質問にも真面目に答え、普通の旅行者だということを一生懸命にアピールした。若い係官が「カメラを貸せ」というので渡す。

　このようなことを想定して、俺はあえて取材用の写真はUSBに移していた。残っているのはいかにも観光客が撮りましたという写真ばかりだ。俺は中年男に言う。

「なぜ旅行者にこんなことをするんだ？」

　中年男はムッとした表情で答える。

「スパイと疑っているんだよ」

　なんで俺がスパイなんだよ!!

　ここで抗議をしても不利なことはわかっている。怒りを抑えながら笑顔を作り、『怪しい人ではないですよオーラ』を出そうと努力する。

　しばらく若い係官は俺の写真を見ながら怖い顔をしていたが、急に顔が微笑んだ。

「これはカサブランカだな」

「そうだよ」

「行ったことないな、おや、これはフェズだね」

　彼は自分が行ったことがない街の写真を見て喜んでいるようだ。

いつのまにか世間話になり、疑いが解けていくのがわかった。若い係官が中年男に何か言うと、中年男は頷き、カメラを返してくれた。

そのまま解放されたが、謝罪もないし、頭に来て仕方がなかった。


タンジェという街からフェリーに乗ってスペインのアルヘシラスに移動するときのことだ。出国カードには、ナドールとメリリャ国境の反省を生かして職業「会社員」にした。この港の出入国は評判が悪かったので緊張したが、何も言われずあっと言う間に終了して肩透かしをくらった。

その後、荷物検査で赤外線に通し、荷物を取ると2人の係員に呼び止められた。モロッコの最後にいちゃもんをつけられるのではないかと警戒したが、若い係員が日本語で話しかけてくる。

「日本人だね？　モロッコは楽しかった？」

あまり楽しくなかったが変なことも言いたくなかった。

「ああ、楽しかったよ」

「モロッコ人は好き？」

「うん」

彼はニヤニヤしながら言う。

「本当のこと言いなよ」

「フェズとかウザイやつが多いし、頭にくることが多かったけど、普通の人は優しかったね」

彼は笑いながら言う。

「あなたは正直だね。じゃあ、モロッコではどこの場所が一番良かった?」

「メリリャです」

【死ぬまでに一度は見たい】

バオバブが立ち並ぶマダガスカル

Travel No.10

バオバブの木を見にいきたい

マダガスカルと聞いて皆さんは何を連想するだろうか？

知り合いに、その質問をぶつけたが「アニメのマダガスカルしか思いつかない」などと言われ、最初は冗談かと思ったが、複数の人からも同じ答えが返ってきた。それほどマダガスカルは日本人に知られておらず、イメージもわきにくい国のようだ。

ネットで検索しても情報は少ない。俺もマダガスカルについては『アイアイ』という歌になっている可愛らしい動物と、バオバブの木しか思いつかなかった。

このように想像するのが難しく、旅行者が少ない国に行ってみたかった。そして何よりも写真で見たバオバブの木に圧倒された。これを生で見たらどんな気持ちになるのだろうか？

それを体現するためには実際に行って確かめるしかない。

実を言うと、俺は過去2回もマダガスカルに行く直前でキャンセルになったことがあるのだ。

1回目は、1998年にケニアのナイロビに滞在中、マダガスカルまでのチケットを購入しようと思ったが、チケット代が500ドル以上もして予算が厳しかったので諦めた。このとき、悔しい思いをしたので、2009年に南アフリカのヨハネスブルグでマダガスカルまでのチケットを購入して旅行する予定を立てた。ガイドブックまで持っていって、ヨハネスブルグに到着したのだが、チケットを購入する直前に、『アフリカ・ブラックロード』(2009年刊)の企画が通り、ジンバブエ、ナミビア、スワジランドに行くことになってマダガスカル行きは幻に終わってしまった。

このように、2回も行くことを諦めてしまった自分の中のモヤモヤも解消したく、ぜひとも行って、バオバブの木を見て感動し、どんな国かを自分で確かめたかった。

衛生状態の悪い国

マダガスカルは、面積が日本の約1・6倍で人口2130万人（2011年）の共和国である。

バンコクを飛び立ったマダガスカル航空の飛行機は8時間半のフライトを終え、首都のアンタナナリブ（以下、タナで表記）に到着した。

俺が訪ねたのは2013年10月だったが、この街は標高1400メートル以上の高原に位置しているため夏でも意外と涼しい。薄暗くて小さな空港から一歩出ると、さっそくタクシーの呼び込みがやってきたので、この男の車でホテルまで行くことにした。

空港からの道は狭く、交通渋滞がひどいようだ。少しスピードを出すと寒い空気が車内に入ってくる。外には田んぼが広がり、日本の田舎にも通じるものがある。ドライバーによると、マダガスカル人は米を主食としていて、温暖な気候のため、年に3回は米の収穫ができるようだ。米が好きな俺には嬉しい情報である。

空港の近くにはホテルなどもあるが、中国語で書かれている看板が目立つ。ここ最近、中国人がかなり進出してきており、経済を牛耳っているようである。そういえば空港もマダガスカル在住の中国人や、中国人旅行者でいっぱいだった。

住民は、インド系や東洋人系の血が混じっている人もいるが、他のアフリカ諸国にいるような黒人が多い。物乞いは多く、車が渋滞で停止すると、10歳ぐらいの女の子が手を出して「マネー、マネー」と言ってくる。無視をしたり、あっちに行けと身振りで示せば普通ならば立ち去っていくが、ここの物乞いは非常にしつこく、車が動くまでずっと続けている。

車が到着したのは、イソラカ地区にあるタナ・ジャカランダというホテルで、事前にネット予約をしていた。料金は1泊2500円だ。時刻は夕方の16時になっていた。

俺はとても空腹だったので、ホテル近くのレストランに入った。2人の女性スタッフがいるが、英語はまったく通じない。マダガスカルは元フランス領ということもあり、地元のマダガスカル語とフランス語の両方を話す人が多い。

メニューを見せてもらうと、フランス語の表記で何が書いてあるか読めないが、ビール、サラダ、パスタはわかったので注文した。

ビールを飲んでいるとサラダが来た。イモ、インゲン、トマトにレモンソースをかけたものだが美味しい。だが、皿もフォークもどこか汚れている。

マダガスカルは衛生状態が悪い国として

到着してさっそくレストランに向かったのだが、腹を壊すことに……。

有名で、俺は胃腸薬を大量に持ってきていた。

しかし、3週間ほど滞在する予定だったので、あえて生野菜や地元のものを摂取して免疫を作る作戦をとったが、すぐに失敗だったと反省した。翌日から、マダガスカルを去る日までずっと胃腸が最悪だったのだ。

強盗多発地帯

俺の部屋の向かいに泊まっているのは20代の日本人姉妹だった。彼女たちは世界一周中らしいが、マダガスカルでたくさんの友達ができたのでこの国にハマり、長期滞在しているということだった。2人によると、1ヵ月近くマダガスカルにいるが、日本人に会ったのは俺が2人目だそうだ。妹の方が俺に忠告してくれる。

「タナは、かなり治安が悪いから注意して下さいね」

そういえばガイドブックにも治安が悪いと書かれている。

坂の多いタナで、最も危険な場所は観光客が集まる階段である。そこを歩いているとタックルされて物を奪われたり、ナイフで脅されて金品を奪われるようだ。姉妹も階段を歩いているときに被害に遭った。彼女たちは警戒していたので手ぶらで、現金もわずかしか持っていなかった。するといきなり少年が妹のネックレスを引ったくった。安物だが盗られたことに腹を立て大声を出したが周りにいる人は無視。２人が追っかけると少年は貧民街に入った。いろいろな人に尋ねるが誰もが「知らない」との返事。さすがに諦めたという。

俺もその場所に行ってみたが、なにも知らなければ見晴らしのいい、ただの階段でしかない。土産物なども売られていて、ここで写真を撮ろうとしてカメラを引ったくられる被害が多いのだろう。

俺は前後左右を警戒しながらシャッターを切った。俺の前には地元ガイドとフランス人中年夫婦がいて、ガイドがコソコソと説明している。説明を終えると中年夫婦は背負っていた小さなリュックを下ろして体の前で抱え、あたりを警戒し始めた。ガイドが注意したのだろう。

この付近で被害が多いというので行く人は気をつけてほしい。

少年窃盗団の恐怖

タナの中心地に独立大通りがある。ここでは観光客もチラホラと目にすることができる。通り沿いには航空会社や銀行などもあるので、俺はそこで用事をすませ、駅に向かって歩いていた。

すると物乞いの少年たちが3、4人やってきた。皆10歳ぐらいの年齢で、裸足で貧しそうである。このようなシチュエーションはかつて経験したことがあるので、俺は手で拒否をした。少しすればいなくなるはずである。

それでも彼らはしつこい。

「ムッシュ、金ちょうだい」

「ダメダメ」

あげればいいじゃないか、という人もいるだろうが、こんな場所で金を出したら、ワーッと群がってくる危険があるので無視が一番である。

そのとき、ただならぬ気配を感じた。最初は3、4人だったグループに更に5、6人が加わったのだ。これはヤバイかもしれない。そう思った瞬間、手が俺のポケットに入っている。

『この野郎！』

咄嗟に手で払いのける。ウェストポーチが心配になったので確認すると、すでに前のほうが開けられている。これは物乞いから集団スリ団に早変わりするパターンだ。いや、最初からこのように狙いを定めているのだろう。まずは被害を食い止めないといけない。

このようなことも想定しているので俺のウェストポーチに貴重品は入っていない。カードや現金のほとんどは宿に置いてあり、腹巻型の貴重品入れにパスポート、カード1枚、ドルが少し入っているだけだ。

問題は財布とデジカメである。俺の短パンのチャックはしっかりとした造りの硬いもので、更にポケットがたくさんある。財布とデジカメの場所は把握しており、絶対に守らなければならない。2つの場所をチェックすると、財布のあるチャックが開けられそうになっている。この日は両替をしようとしていて約3万円も入っているので盗られたら大変である。

俺は手で防御しながら地元の人が助けてくれないかと目をやると、状況に気づいている人が大勢いるのに、同情の眼差しを向けているだけではないか。なんだ、ここは！　それよりも、これを切り抜けないといけない。

頭に来たので子どもを突き飛ばそうとしたら、自制心が働いた。いくら物を盗られそうになっているとはいえ、10歳ぐらいの子どもに暴力を振るうことができないのだ。体の中にダメだとインプットされているように、それができないことがわかった。

そうなると恐怖しかわいてこない。なにせ相手は10人ぐらいいるのだ。このままでは身包みを剥がされてしまう。ここはどうするか？　俺が普段、偉そうに人に言い続けていたことを実行に移すしかない。

それは……一目散に逃げることだ。

この場合、周りの目を気にしてはダメで、躊躇なく逃げるのだ。俺は走った。子どもたちが追ってくる。まるで凶暴な野良犬に追われるような気分である。周りの人は傍観しているだけで何もしてくれない。

俺は電気店の中に逃げ込んだ。スタッフに事情を説明しても言葉が通じない。困惑した表情を浮かべるだけだ。被害をチェックすると、ウェストポーチの前ポケットに入れていた100円電卓がやられただけのようだ。財布には3万円が入っているので、とにかく一刻も早く宿に戻りたい。

電気店を出ると、もう子どもたちの姿はなかったが、土産物の押し売りがしつこくて仕方がない。その男に気を取られながら歩き始めた。

すると再び子どもたち5、6人が現れ、あっという間に囲まれてしまった。人間、相手を攻撃できないとなると気持ちも防戦一方になるし、相手もそれがわかるのか、執拗にまとわりついてくる。俺は体育の100メートル走のように全力で走った。

気が付くと、外国人が利用するレストラン&バーの前にいた。白人や東洋人の姿も見える。途端に俺は強気になり、振り向いた。しかし、すでに子どもたちの姿はなかった。全力で走ったことでかなりの量の汗が流れてくる。

日本に帰国後、マダガスカルに行ったことのある2人の友人にこんな話を聞いた。

マサキ君は世界200か国以上訪れている旅の達人である。独立大通りを歩いているとき、いきなり、複数の少年スリ団に囲まれた。彼らは荷物やポケットにどんどん手を入れてくる。これはまずいと思い、全力で逃げた。襲われた場所といい、完全に俺と同じパターンである。

また、ある旅行団体に属している人は、俺がこんな目に遭ったというと、口を開いた。

「僕もタナで同じ場所で少年スリ団に襲われました。旅慣れていたつもりでも、ほんの一瞬でデジカメと現金を奪われましたよ」

くれぐれも、タナでは注意してほしい。

ソニーとジャイアン

街は治安が悪いし面白くないので、バオバブの木を見るためにモロンダバに移動することにした。腹の調子が悪いので陸路の移動を避け、飛行機を使うことにしたが、片道350ドルもかかる。マダガスカル航空の独占で、なおかつ観光客が惜しげもなくこのフライトを使うのでこんなに高いのだろう。予算オーバーだが、仕方ない。

モロンダバは人口3万8000人の街で、マダガスカル西部海岸に位置している。

モロンダバの小さな空港に到着して荷物が出てくるのを待っていると、出口付近から怪しげな男がこちらを窺っている。きっとガイドであろう。空港やバスターミナルで個人観光客を探し、ツアーなどに誘うのだ。まあ、なりゆきまかせに進むしかない。

空港を出ると案の定、その男が足を引きずりながら近づいてきた。どうも、足が悪いらしい。

「君、日本人だよね。僕、ガイドのソニーっていいます。車で宿まで連れていくよ」

男の英語はわかりやすい。しばらく宿までの値段交渉をしていたが、よく見ると愛嬌のある顔をしている。特にあてもなかったし、人を騙すようなタイプに見えなかったのでこの男に頼むことにし、車に乗り込むと運転手は別にいるようで、「ハロー」と挨拶をしてくる。この男はジャイアンに似ていて、英語はほとんど話せない。

空港から市内まではわずかな距離なのだが、戦前の映画に出てくるようなボロボロのルノー車は、茶色の排ガスを撒き散らしながらノロノロと進む。市街地に入ると、2人の東洋人の女が地元の男に荷物を持ってもらいながら歩いている姿が目に入る。

うん？　先日宿で一緒だった姉妹ではないか。彼女たちは俺が出発する1日前にタクシー・ブルースなる地元の人が乗るワゴン車に乗り込み、今、到着したようだ。一緒にいる男は知り合いのようである。

ソニーは2人を知っているようで、姉妹と話している。

彼女たちは心配そうに俺に言う。

「あのー、この男、別に悪事は働かないけど、少し面倒くさいので注意して下さいね」

それを聞くと俺を乗せた車は出発した。この彼女たちの忠告は何を意味するのだ。後に判明するが、この言葉はかなり正確だった。

俺は指定した安いホテルに連れていってもらうが、ソニーが先に車を降りてホテルのスタッフと交渉している。そして俺にこんなことを言う。

「部屋はあるけど、ビーチの方にいいホテルあるから見にいかないか？」

俺はこのホテルでいいと思い、それを伝えようとしたのに車は発進した。このホテルではバックマージンがもらえないから移動したのだろう。

その後、ビーチ沿いのホテルを何軒か見るものの、セキュリティが甘かったり高かったりしてウンザリしてきた。

ソニー（左）とジャイアン（右）のゴールデンコンビ。

「ソニー、最初のホテルに戻ってくれよ」

「あそこのホテルは嫌だったんじゃなかったのか？」

俺はそんなことを言った覚えはない。最初のホテルに到着するとソニーは言う。

「かなりホテルを探すのに遠回りしてガソリンがかかってしまった。運転手が困っているから少しガソリン代をプラスしてくれないかな」

大した額ではなかったので払ったが、そもそもはこいつが余計な行動をしたせいではないか。チェックインすると今度は、バオバブ＆国立公園の1泊2日ツアーを勧められたが高いので断った。すると、こんなことを言う。

「1人じゃ、高いね。そういえば、もう1人バスターミナルで日本人を見つけたからその男と一緒なら安くなるよ」

男前、ユウジさん

「お腹は減ってないか？」

ソニーがお腹をさすりながら言う。

「安くて美味しいレストランは知ってる？」

「ああ、知っているから一緒に行こう」

少し怪しいやつだが、どこか憎めない。俺はソニーに任せてみることにした。ソニーはバスターミナルの方向に歩いていく。きっと旅行者や地元の人が半々ぐらいで美味しいメニューのある店に連れていってくれるのだろう。

着いた場所はバスターミナルに隣接する屋台だった。家族で切り盛りしているのだが、とにかく汚い。タイやベトナムの屋台はこれに比べたら高級ホテル並みである。机はシミだらけで、そこら中にハエがたかっている。

ソニーは席に着くなり、ノートを見せてくれる。それには日本語で『彼は最高のガイドです』と、お決まりの言葉が書かれている。疑うことを知らない純粋な日本人は地元ガイドから「よく書いてね。日本人の客がほしいから」などと頼まれて書くようだが、俺の経験から言うと、評判のよいガイドに限って、そのようなことはしないものだ。

それにしてもこんな汚い場所に外国人を連れてくる感覚がわからない。ただ、他にあてもないので、ビールと、ご飯にチキンの煮込みがかけられた料理（約80円）を注文する。ビールは冷えていた。ソニーに注いでやると彼はお礼を言って飲んだが、気になるのは2杯目から、さも自分のビールのような振る舞いで自らのグラスに注いでいたことだ。

料理が運ばれてきたが、意外にも美味しい。マダガスカルはフランス植民地の影響で、料理のセンスがあるのだ。これがイギリスやドイツの旧植民地だったらそれは望めない。更にこの国では中国の食文化も入ってきている。ざっと頭に浮かぶマダガスカルで美味しかったものは、セブ牛のステーキ、セブ牛の串焼き、ミサウという焼きそば、中国風スープ、バゲット、クレープなどだ。

料理を食べ終えると、日本人の男が歩いてきた。

「お〜、ユウジ！」

ソニーが言う。これがさっき言っていた日本人の男である。第一印象は背が高くてイケメンだな、だった。彼の方も俺を見ると嬉しそうに「あれ、日本人ですか？」と笑顔を見せる。

俺とユウジさんはすぐに打ち解けて仲良くなり、明日からのバオバブツアー&国立公園1泊2日ツアーを申し込んだ。

ユウジさんはかなりの旅の達人だった。俺も長い間、旅をして数多くの旅人を見てきたが、旅の達人には共通するところがある。少し列挙しよう。

ユウジさんは男前だった。

1・英語がかなり上手い。旅をしている間に勉強したのだそうだ
2・交渉力が凄い。ソニーの言い値は高かったが、半額以下の1人6500円で交渉を成立させた。その後も俺を驚かせる値切り方を披露。「ユウジさんならエスキモーに氷を売りつけられますよ」と冗談を言ったが、日本ではセールス、営業の経験はなし
3・酒はビール1本しか飲めない下戸だが、とにかくよく食べる。本人曰く「金を節約しているのでほうっておくとどんどん痩せていって体力がなくなる。物価の安い場所だったらたくさん食べないといけない」とのこと
4・気が強い。相手がボッタくろうとしてきても決して引き下がらない。いろんな旅人を見てきたが、どっしりとしているというか、『ミスター・旅人』の称号を贈られるべき人である

頼りになる人がパートナーになり、こんな嬉しいことはない。明日からのツアーがより一層楽しみになった。

バオバブツアーが始まる

朝4時に起きた俺の体調は最悪だった。前日の衛生状態の悪い食事もそうだが、クーラー

が効きすぎる部屋で寝たのがダメだったようで腹をくだしていた。こうなったらトイレで出すものを出し、水分を充分に補給。出発前には下痢止めを飲み、目的地に着くまでクッキーなどの固形物しか体に入れないようにするしかない。

5時に下のロビーに集合である。なぜ、そんなに早いのか？　そう、バオバブ並木道に行き、バオバブをバックにサンライズを見るのだ。5時を少し回り、ソニーとジャイアンに似ている運転手がやってきた。そして車を走らせるが、なんだかオカシイことに俺とユウジさんは気が付いた。普通、サンライズを見る場合、真っ暗な頃に出発して、到着してからしばらくは暗い状態のはずである。だが、車を走らせて20分で空が明るくなってきているではないか。

パンクを直すジャイアン。とにかく車はよく故障する。

　時刻は5時25分。今は10月なのだが、陽が昇るのは、到着予定時間よりも早いのではないか。そんな疑問をソニーにぶつけるが、わけのわからない言い訳をする。すると、『バン！』と変な音がして車が停まった。

「パンクだね、これ」

　ユウジさんが言う。

　外に出てみると見事にパンクしている。タイヤがそもそもツルツルで、パンク寸前のものを使っているのだ。予備のタイヤを出して、運転手の『ジャイアン』が交換を始めた。

　そして、その間に陽が昇った……。

「そもそも、なんでもっと早く出発しないんだ！　ガイドなんだから何時に陽が昇るかわかっているだろ！」

　ユウジさんがソニーに怒る。

　ツアーの旅程は、バオバブ並木道でサンライズ↓しばらくバオバブを見る↓キリンディィ森林保護区↓保護区内の宿↓ナイトサファリ↓翌日は観光&バオバブ並木道でサンセットというものである。しょっぱなからこんなつまずきでは先が思いやられる。

　車は再び走り出し、村を通過すると、うおーーー、バオバブの木だ!!

　バオバブの並木道が続いている。バオバブは堂々と、美しくソソリ立っている。

　バオバブは全部で10種類あるが、そのうち8種類がマダガスカルで確認されていて、3種類がモロンダバ付近で群生している。一説には500０年以上生きるとも言われているバオバブの木は、木の中のキングである。

車は並木道周辺を徐行し、しばらくバオバブを観察する。存在に圧倒され、車を停めて撮影をする。ときおり、村の子どもたちが寄ってきてフレンドリーに接してくる。村人が荷台を牛にひかせている姿がバオバブに溶け込んでいて非常にいい。少し走ると、ガイドブックなどに載っている『愛し合うバオバブ』がある。これは、2本の木が絶妙に絡まり、男女が抱き合っているような珍しい形である。

この一帯に群生しているバオバブは主に3種類である。

「グランディディエリ」は枝が上に向かって伸びている。

バオバブ街道に到着。車と比べると大きさがわかる。

「ザー」は幹がいささか浅黒くなっている。『愛し合うバオバブ』は「フニィ」で、幹は主に徳利型になっている。

世界最大の樹木と言われているバオバブは上下が逆さまになったようなユニークな形で旅行者に人気があり、地元の人には精霊が宿る木として信仰され続けてきた。

ダメなガイド

車はほとんど舗装されていない道路を進む。これからキツネザルやカメなどが生息するキリンディ森林保護区に向かう。今晩はそこにあるロッジに宿泊する予定だ。

「キリンディの手前に新しくできたロッジがあるんで見ないか?」

ソニーが提案してくる。見るのはタダな

愛し合うバオバブ。

ので俺たちは車を降りて、受付に向かった。オーナーは真面目そうな男で、ロッジを見せてくれる。室内は清潔で、個人スペースには水洗トイレとシャワーがついていて快適そうだ。

「いくらですか？」

ユウジさんが尋ねる。

「1人、1500円でいいよ」

この設備で1500円は安い。

「ユウジさん、いいですね。ここにしましょうか？」

俺が聞くと、ユウジさんは思案顔で言った。

「キリンディもとりあえず見て、そこがダメだったら戻ってきましょう」

キリンディ国立公園に向かったが、ドミトリーは汚いし、ツインルームは微妙に高かったので、来た道を戻って、先程のロッジに到着。オーナーにここに決めたと言うと、案内してくれるが先程見せてもらった場所と違い、吹きさらしのテントもない場所だった。これは一体どうなっているのだ。唖然とする俺とユウジさんは同時に言う。

「さっきのロッジじゃないの？」

オーナーは平然と答える。

「あそこは高い。ここなら1人1500円だよ」

話と違うではないか。

「ちょっと、待て、あのロッジに我々を連れていって、1人1500円と言ったよね？」

「あそこは1人7000円なんだよ」

ここから言い争いが始まったが、なんたるウソを言うんだ。こんなに宿のことでモメているのにソニーは黙ったままである。そもそも、ツアーを主催し、俺たちをこの宿に連れてきたのもやつである。それなのになにも援護をしてくれない。

頭にきて仕方なかったので、キリンディに戻ろうとしたが、ソニーが言う。

「無理だよ。ガソリンが足りなくなるよ。途中にはスタンドはないし、ここにしてくれないかな？」

もういい加減にしてくれ！

「どうします？　ユウジさん、1人7000円ですよ。気分が悪いですよね」

「オーナーは頑固そうだし、7000円はキツイですよ」

こうなったら、交渉するしかないではないか。そもそも、オーナーがウソを言うのが悪いのだ。しかし、頑固なオーナーは自分の非を認めないから、なんとか説得するしかない。

まず、俺たちは宿の現状を伝える。たくさん点在するロッジ、本日は白人の男の客が1人だけである。あとは使われることなく一銭も入らない。最初に見たロッジは空いている。安くても俺たちを泊めさせた方が賢いはずだ。そんなことを冷静に言っていると、オーナーは「ちょっと、待って」と言い残して奥にある事務所に行った。そして5分後に戻ってきた。

「1人1800円でいいよ。その代わり、晩飯はここのレストランを使ってね」

交渉は成立したが、最初からなぜこうならなかったのだ。そして、ソニーは客が困っているのになにをしているのだ。

近くの村に向かう

ソニーとジャイアンが近くの村に連れていってくれると言うので車で向かう。ジャイアンは用事があるらしいので帰りは15分ほど歩いてロッジに戻らないといけないようだ。

着いたのはアフリカ諸国の村と似たような場所で、土壁やボロボロの板で作られた家が点在している。フレンドリーな子どもたちと適当に遊んでいるとソニーがこんな

村人たちの日常。

ことを言う。

「ビールとタバコを買いたいんだけど、後で返すから金を貸してくれないか？」

信用できない男だが、ちゃんと返すのか実験的に貸す。やつはビールを飲み、そしてウイスキーまで買っているではないか。すると俺の耳元でささやくように声がした。

「あなたのガイドはダメな人だね。最低だと思うよ」

見ると、ロッジのオーナーである。なぜ、この男がこんなところにいて、ソニー批判をするのか。俺の質問にオーナーは答えた。

「この村には1日、何回もくるよ。他にいくところもないしね。あなたのガイドはあなたたちがいるのに、酒を飲んで全然ケアしないじゃない。さっきも私とモメているとき、なにもしなかったし、他のガイドにもバカにされ、前に連れてきた旅行者もかなり怒っていたね」

やはり評判の悪い男だった。姉妹が忠告してくれたことは正しかったのだ。帰国後にソニーのことを調べたら複数の日本人旅行者から「信用できない」「言っていることと違うことをする」「このガイドに頭にきて仕方ない」などと書かれていた。

そろそろロッジに戻りたくなった。いつの間にかジャイアンが戻ってきているが、車はない。とにかく歩いて帰るしかないと思っていると、水を運んでいる牛車の主人が、少しの金を払えば人を乗せてくれると言うので4人で乗り込む。

動き出したのはいいが、バランスが悪いし、悪路を進むのでまともに座っていられない。途中、ジャイアンが牛使いになり、牛をムチで打ち、足で蹴っている。そうすると牛は走り始めるが可哀想である。完全な動物虐待に見えるが、おかまいなしにジャイアンはムチを打つ。

ロッジに着いたときには尻は痛いし、クタクタになっていた。牛車の男たちは、荷台に積まれた大きな水瓶にバケツを入れて水を汲み、俺たちのロッジにあるバスルームの水タンクに人力で何度も運んでいる。このロッジには水道も通ってないし、井戸さえもなかったのである。そのことを知ってから水を大事に使ったのは言うまでもない。

牛車の乗り心地は非常に悪い。

空振りのナイト・サファリ

夕食を終えたらナイト・サファリツアーである。ちなみに、俺が見たかったアイアイはこのあたりには生息していなくて残念だ。

出発直前に、ソニーがよくわからない理由をつけて同行しないことを知る。サファリツアー用の現地ガイドがいるからいいやと思っているのだろう。俺、ユウジさん、ジャイアン、現地ガイド、ガイドの助手の5人で懐中電灯を持って歩き始める。途中から気が付いたのだが、現地ガイドは英語があまり話せない。ジャイアンも、助手も話せないわけで、ガイドが一生懸命説明するが、ほとんどわからない状態である。なぜ肝心なときにソニーがいないのだ。マダガスカルには固有の動物が数多く生息しているが、ナイト・サファリはガッカリの一言で、チャイロ・キツネザルや、小さなネズミや猿しか見ることができなかった。

モメてばかりだ

翌朝、早く起きて早朝サファリである。ソニーもついてきたが、特に動物には遭遇しない。これならば長野県・軽井沢の森を早朝に歩いた方が多くの動物に出会えるのではないか。

早朝サファリを終え、簡単な朝食をとったが、時刻はまだ9時である。今後の予定は、バオババブ並木道に行って、サンセットを見るのだが、まだかなりの時間がある。ユウジさんと、この後、どうするんだろうと話していたのだが、ソニーにそれを伝えると、唖然とすることを言う。

「午後3時までここに待機して、それからバオババブに向かう」

「は……？　ウソでしょ！」

ソニーはなにをそんなに驚いているんだと言う顔をする。ここはネットもつながらないし、何も娯楽がないロッジである。6時間も何をしろというのだ。ユウジさんがソニーに言う。

「ここに無駄に滞在しても仕方ないよ。一度、モロンダバの宿に戻って、時間がきたらサンセットを見にいけばいいいんじゃない」

ジャイアンとソニーは納得し、モロンダバに戻ることになった。ソニーの〝宣伝ノート〟に好評価の書き込みをした日本人は似たような扱いを受けているはずだがそれで満足しているのか？

その前に俺はソニーに言わなければいけないことがあった。

「昨日、村で貸した金を返してくれよ」

俺が言わなければそのまま返さないつもりだったのだろう。ソニーは思い出すような仕草をして返してくれる。

帰り際、ジャイアンとソニーが口論をし始めた。その後、トイレ休憩のときに、ジャイアンが俺たちに聞く。

「君達は、ソニーにツアー代金をいくら払っているんだ？」

それに答えると、吐き出すように言った。

「アイツは嘘つきだ！」

たぶんだが、取り分のことでモメているのだろう。

モロンダバの街が近づいてくるとソニーが信じられないことを言う。

「運転手は用事があって、サンセットには連れてってくれないので、新しい車を探さないといけないよ。それには車のチャーター代が別途にかかる」

なんだ、それ！　ツアー代金にはサンセット・ツアーが含まれているはずである。俺とユウジさんは激しく抗議をする。だが、サンセットに行かない選択肢はないので、しぶしぶ別の運転手を雇うことに決めた。もう、ソニーにたいしてはウンザリである。

サンセットに感動

時間通りにソニーと新たな運転手が迎えにきてバオバブ並木道に到着した。そこには白人観光客や日本人の団体ツアー客などが集まっている。バオバブの実や、民芸品などの土産物を売りつける村民はなかなかしつこい。

子どもたちはしきりに「写真撮って」と言ってくるが、そのすぐ後に「マネー、マネー」と手を出してくる。現金収入のない住民にとって、バオバブを見に集まる観光客を頼りにするのは仕方のないことだが、考えなしに与えるというのもよくないと思う。

いよいよ、陽が沈み始めた。オレンジ色の光が大地に沈んでいき、燃えるような光がバオバブの木に反射している。こんなに美しい景色にこの年齢で巡り合えるなんて、生きていてよかった。これを見てしまったら「死ぬ前に見るべき場所はどこですか?」という質問されたら、間違いなくバオバブ並木道のサンセットと答えるだろう。いろいろと不満のあるツアーだったが、バオバブから言い知れぬパワーをもらうこ

バオバブ街道のサンセットの美しさに感動した。

とができ、サンセットを見にきて本当によかったと感じた。

グッバイ

宿に戻る頃には、暗くなっていた。ユウジさんと2人で食事をしようとすると、ソニーが「いいレストランに連れていくよ」とついてくる。俺もユウジさんもソニーの顔を見たくなかったが、最後まで付き合うことにした。

俺とユウジさんは適当に料理を選び、ビールを注文した。俺は大瓶を頼んだので目の前に座っているソニーに注いでやる。1杯だけのつもりだったが、ソニーはその後、遠慮なく俺のビールを勝手に注いでいる。ずうずうしい男である。その後、やつは彼女を呼んできて、俺たちと離れたバー・カウンターで飲み始めている。

会計の時がきた。うん？　高いぞ。伝票をよく見ると、ソニーたちのビール代が勝手に記入されているではないか。これには堪忍袋の緒が切れた。ウエイターに「こんなもの注文してないぞ！」と言うと、ウエイターはソニーを指差した。

「あの人がつけろっていうんだ」

俺がソニーを手招きすると、異変に気が付いたのか「オカシイな？」などととぼけている。こいつは最初から最後までこれである。

「いいかげんにしろよ。なに、勝手に注文して俺に払わせようとしているんだよ」

「ああ、ごめん」

ソニーはポケットから金を取り出して自分の分を払った。


翌日、俺とユウジさんはタクシー・ブルースというワゴン車を改造した交通機関でアンチラベという場所に半日かけて移動する予定だった。バス乗り場に到着すると、ここからマダガスカル各地にバスが出発するため人でごったがえしている。乗客の荷物を載せるのにかなりの時間がかかり、暇をつぶしていると、なんだか見覚えのある顔がいる。ソニーだ。ユウジさんにそれを伝えると、「もういいよ」という感じで笑っている。2人ともやつには会いたくなかったので死角になる位置に移動した。

ソニーを見ていると、必死に観光客を探している様子だ。外国人は滅多にいないのでマダガスカル人の観光客も狙っているようだ。だが、誰にも相手にされていない。フライトの到着時刻になれば、バス乗り場から空港に移動して客を探すわけで、この生活も大変なものだと改めて思う。

そのとき、ソニーが俺たちに気付いて近付いてきた。昨夜、怒ったので気まずくなって話しかけてこないかと思っていたので意外だ。

「もう君たちは出発するんだね」

ソニーが言う。

「うん、なかなかバスが出発しなくて嫌になるよ」

「そうか、気をつけてね」

「ありがとう。客を探すのも大変そうだね」

「ああ、そうしないと食えないからね」

腹の立つことばかりだったが、もうソニーと会えないと思うと不思議なことに少し寂しくなる。

「頑張ってね。ソニーのことは忘れないよ」

「ありがとう。気をつけてね。マダガスカルを楽しんで」

俺たちは握手をした。

ソニーは離れていき、俺たちの方に目も向けることもせずに雑踏にまぎれていった。

あとがき

20年以上、海外を旅してきたが、まだまだ知らない場所や情報があやふやなところがあるものだ。それなりに旅慣れたつもりでいたが、今回の取材を通して、自分がこれまでに訪れた地域がごく一部であったことを再認識することになった。

ネットのおかげで旅行前にいろいろなことを調べることができるようになったが、人があまり訪れない場所の情報はそもそも乏しい。今回は行ってみるまでそこがどんな場所なのか、どのようなことが起こるのかわからないという状況の連続だった。そしてそれが非常に楽しかった。

世界は広い。行ってみないとわからないことのほうが多い。今回、俺が訪れた場所はほんのわずかなものだし、数えきれないほどの未知の土地がまだ残っている。そんな場所に行ったらどうなのかと考えると、20代に戻ったように好奇心がわき上がってくる。

俺は約10年にわたって『海外ブラックロード』シリーズを書いてきたが、ずっと応援してくれているファンはこのカバーを見て『ブラック』と真逆じゃないか！　と驚いているかもしれないし、既刊本を読んだことのある人の中には最後まで俺の本とは気づかなかった人もいるかもしれない。

俺は一生、旅をしたいと思っている。まだこの先〝誰も行かない場所〟を探し求め、本にしていきたいと思っている。

読者の皆さんの中には旅のベテランもいるだろうし、あまり海外旅行に出たことのない人もいるだろう。しかし、世界の広さを考えてみれば、誰もが素人同然なのだ。皆さんも他の誰も知らない自分だけの特別な場所を探してみるのも楽しいかもしれない。

２０１５年12月４日　嵐ようういち

著者紹介

嵐よういち
1969年生まれ。東京都杉並区出身。独身。
20歳からイギリス、アメリカと留学（遊学？）して、その後、面白い写真を求めて海外を放浪する。70ヶ国以上を渡り歩く。特に好きな地域は南米。
著書に『海外ブラックロード―危険度倍増版―』『海外ブラックロード―最狂バックパッカー版―』『海外ブラックマップ』『南米ブラックロード』『アフリカ・ブラックロード』『海外ブラックロード―スラム街潜入編―』『海外ブラックロード―南米地獄の指令編―』『世界中の「危険な街」に行ってきました』（ともに小社）などがある。

哲学――楽しくなけりゃ、人生じゃない。

著者ホームページは、http://www.blackroad.net
メールアドレスは、arashi@blackroad.net

世界「誰も行かない場所」だけ紀行

平成28年1月16日　第1刷

著　者　嵐よういち

発行人　山田有司

発行所　株式会社　彩図社《さいずしゃ》

〒170-0005　東京都豊島区南大塚3-24-4 MTビル
TEL:03-5985-8213
FAX:03-5985-8224

印刷所　新灯印刷株式会社

URL：http://www.saiz.co.jp
Twitter：https://twitter.com/saiz_sha

 ISBN978-4-8013-0117-7 C0126